WOLFGANG SCHMIDBAUER
Der hysterische Mann

WOLFGANG SCHMIDBAUER
Der hysterische Mann

Eine *Psycho*Analyse

nymphenburger

© 1999 nymphenburger in der F. A. Herbig Verlagsbuchhandlung
GmbH, München.
Alle Rechte, auch der photomechanischen Vervielfältigung
und des auszugsweisen Abdrucks, vorbehalten.
Satz: Schaber Satz- und Datentechnik, Wels
Gesetzt aus 12,2/15,5 Punkt Century Expanded Regular
Druck und Binden: Graphischer Großbetrieb Pößneck
Printed in Germany
ISBN 3-485-00812-5

Inhalt

Vorwort 7

Eine kurze Geschichte der (männlichen) Hysterie 11

Die Wahrheit der Hysterie 37

Überoptimale Männer 57

Die Lust und die Sicherheit 77

Die Sexualangst der Männer 107

Können Götter lernen? 127

Vergebliche Liebesmühe 149

Die Hysterie des Genius 193

Von der Hysterie zur histrionischen Persönlichkeit 217

Fragen und Antworten 235

Vorwort

Für den Laien haben psychologische Fachausdrücke verwirrende Eigenschaften. Da gegenwärtig unser Modell des wissenschaftlichen Denkens durch Naturforschung und Technik geprägt ist, gehen wir davon aus, daß auch die Vorstellungen der medizinischen Psychologie objektive Gesetze widerspiegeln. Das ist aber nicht der Fall. Wer sich in die Geschichte und in das gegenwärtige Denken dieser Fächer vertieft, erwirbt im guten Fall eine gewisse Distanz zu allen Etiketten, findet sich mit ihren problematischen Qualitäten ab, gesteht sich und anderen zu, daß wir noch weit davon entfernt sind, Depression und Hysterie so eindeutig zu bestimmen und abzugrenzen wie etwa Tuberkulose und Syphilis.

Diese Situation kann zu Resignation führen, wenn wir unfähig sind, uns Genauigkeit und vertiefte Einsicht auch dort vorzustellen, wo uns letzte Gewißheiten fehlen. Ein Ärztewitz hat das schon früh notiert: »Der Chirurg kann viel und weiß nichts, der Internist weiß viel und kann nichts, der Psychiater kann nichts und weiß nichts!«

Nichts zu wissen, nichts im technischen Sinn zu können, das ist nichts Verächtliches, sondern in vielen Situationen ein Element der menschlichen Existenz.

Dann trotzdem hilfreich zu werden, handlungsfähig zu sein, dazu versuchen die Forscher einen Beitrag zu leisten, deren Interesse unserer Psyche gilt.

Die »männliche Hysterie« als Thema verdeutlicht diese Lage der Dinge. Sie kann helfen, ein Frage- und Denkverbot zu brechen, das im Alltag dort einsetzt, wo ein Verhalten als »hysterisch« bezeichnet wird. Darin stecken Zuschreibungen wie »nicht ernst zu nehmen«, »verächtlich«, »falsch«, »übertrieben«. Wer sie genauer untersucht, findet als Hintergrund eine Art forcierter, zwanghafter Stärke, einen versperrten Zugang zu der Wahrheit, daß in allen Erwachsenen kindliche Schwächen lebendig bleiben. Nicht ihre Ausrottung, sondern ihre Pflege und der weise Umgang mit ihnen bestimmen die innere Stärke und Disziplin der menschlichen Reife.

Man könnte nun in ähnlicher Weise das Sprechen über Hysterie für eine Kinderkrankheit der Psychotherapie halten, ein unreifes Frühstadium, das wir heute glücklicherweise überwunden haben. Aber dazu scheint mir wenig Anlaß zu bestehen. Wenn wir aufhören, uns mit der Hysterie zu beschäftigen, verlieren wir den Kontakt zu unserer Vergangenheit und eine wichtige Möglichkeit, seelische Konflikte alltagsnah zu beschreiben. Denn unter einer genauen Beobachtung entpuppt sich Hysterie als die Störung derer, die stärker sein wollen, als sie sind. Und sie verbindet diese Qualität mit unserer Sexualität und den Rollen der Geschlechter: Hysterische Männer wollen männlicher scheinen, als sie das sein können; hysterische Frauen weiblicher.

Ich habe versucht, in meinem Text praktische Beispiele mit Überlegungen zur gesellschaftlichen Situation und zur geschichtlichen Entwicklung des Hysterie-Begriffs zu verbinden. Alle Fallskizzen wurden in einer Weise bearbeitet, daß Ähnlichkeiten mit realen Personen ausgeschlossen sind. Mein Ziel ist es, in das Sprechen über Hysterie, das im Alltag häufig Bitterkeit und Verachtung in die Beziehung zwischen den Geschlechtern bringt, Elemente der Ironie und des Humors einzuführen.

Eine kurze Geschichte der (männlichen) Hysterie

> O! how this mother swells up toward my heart;
> Hysterica passio! down, thou climbing sorrow!
> Thy element's below
>
> King Lear*

Dieser Passus aus Shakespeares Drama ist eine der eindrucksvollsten frühen Quellen dafür, daß männliche Hysterie keine Entdeckung unseres Jahrhunderts ist. Der Dichter verwendet das Bild des erstickend aufsteigenden Uterus für männliche Ängste. Es trifft sie vielleicht sogar genauer als die Ängste der Frau: denn der Mann ist in seiner Vor-Kindheit schon einmal vom Uterus sozusagen umzingelt, gefesselt, nahezu erstickt gewesen. Das Bild der wandernden, bedrohlich gierigen Gebärmutter ist ein Alptraum des Mannes, der ihm die Luft aus der Lunge drückt.

Shakespeare, dessen gute Kenntnisse zeitgenössischer und klassischer Medizin sich auch in seiner Beschrei-

---

* »Wie diese Mutter aufschwillt und mein Herz bedrückt;
Hysterisches Leid! hinab mit dir, würgende Sorge,
Unten ist dein Element!« So spricht König Lear im zweiten Akt –
(Übers. W. S.).

Der hysterische Mann

bung der Lady Macbeth bestätigen, verwendet unbefangen das traditionelle Bild für einen Mann. Er ahnt, was wir heute zu wissen glauben: daß die männlichen Ängste eng mit der Phantasie zusammenhängen, von der Mutter vernichtet zu werden. Lear hat sich nach moderner Auffassung schon vorher als hysterisch erwiesen: Er hat sich in einer irrationalen Gier nach Bestätigung, in einem Bestreben, als überoptimal gütiger und großzügiger Mann zu gelten, Schmeichlerinnen ausgeliefert und Cordelia verstoßen, die einzige Tochter, die ihn wahr und stumm liebt.

»Zwischen mehreren Liebschaften hin- und hergerissen und ohne die Konsequenzen dieser Situation auf sich nehmen zu wollen, schafft es der Hysteriker oft, zwischen zwei Stühlen zu sitzen. Da dem Betreffenden jedesmal ein Stück seiner eigenen Person entrissen wird, wird er ständig vom Liebeskummer und den dadurch bedingten Ängsten geplagt.«*

King Lear illustriert so, was Niccolò Machiavelli in dem 1532 erschienen Lehrbuch der Machtpolitik »Il principe« (Der Fürst) unterstreicht: daß ein Fürst sich unbedingt davor hüten muß, Schmeichlern zu trauen.** Schmeichler beuten hysterische Wünsche nach überoptimaler Bestätigung aus. Schmeichler sind eigennützig, nutzen die Gier nach Bestätigung aus und lassen wie Vampire den fallen, der nichts mehr zu bie-

---

* Lucien Israel, Die unerhörte Botschaft der Hysterie. München 1987, S. 73.
** Kap. XXIII: Quomodo adulatores sunt fugiendi.

ten hat. Lear idealisiert seine Töchter, er kann die verlogenen Versprechungen nicht von den wahrhaftigen trennen, er erträgt die Wahrheit nicht und fürchtet sich in der »hysterischen« Szene, seiner Tochter Regan zu begegnen, von der er schon ahnt, daß sie ihn bitter enttäuschen wird. Es ist eine zeitlose Szene männlicher Hysterie: »Was habe ich nicht für dich getan – und so dankst du es mir!« – »Was du getan hast, hast du nicht für mich getan, sondern für dich selbst in deiner grenzenlosen Eitelkeit!«

Die Lehre von der im Körper herumirrenden Gebärmutter ist älter als Hippokrates und reicht weiter als in den Mittelmeerraum. Sie wurde schon in ägyptischen Papyri gefunden. Bei manchen Frauen, heißt es dort, reiße sich die Gebärmutter los und poche gegen das Zwerchfell; dadurch werden die Organe des Oberkörpers, Herz und Bewußtsein, mannigfach gestört. Abhilfe schaffe es, die Gebärmutter durch angenehme Reize – Duftstoffe oder sexuelle Befriedigung – wieder an ihren Platz »unten« zu binden, oder sie durch ekelerregende Gerüche beziehungsweise die Gabe übelschmeckender Stoffe von »oben« zu vertreiben. Lear, ganz König, versucht es durch einen Befehl.

Die noch im neunzehnten Jahrhundert beliebte Gabe von *Asa Foetida*, einer greulich schmeckenden Pflanzendroge* gegen Hysterie, hat eine lange Überliefe-

---

* Stinkasant oder Teufelsdreck ist eine Harzdroge, die aus *Ferula Asa Foetida* zubereitet wird. Noch im »Neuen Herder Lexikon« von 1968 wird er als »krampflösendes Mittel« erwähnt.

rung. Heute würden wir ihre Wirkung lerntheoretisch erklären: Unangenehme Reize löschen unerwünschte Verhaltensweisen. Spätere Autoren ergänzten die ägyptische Lehre durch pikante Details: die vagierende, gefräßige Gebärmutter labt sich an der weißen Substanz des Gehirns, die sie für Samen hält; kein Wunder, daß dieses nicht mehr angemessen funktioniert.* Auch hier ist man versucht, der Fabel einen tieferen Sinn zu geben. Was wir heute oft beobachten, ist etwas wie die Fragmentierung der Persönlichkeit. Menschen klagen darüber, daß sie keine stabile Identität haben; Einbildungen von »multiplen Persönlichkeiten« spuken in vielen Köpfen.** Der im Inneren unsichtbar tobende Konflikt zwischen oraler Gier und

---

* Ich entnehme dieses Detail dem Buch von Lucien Israel, Die unerhörte Botschaft der Hysterie. München 1987, S. 12; in den mir zugänglichen Quellen habe ich es nicht belegen können. Israel zitiert noch einen zweiten Mythos, der die orale Metaphorik der Hysterie belegt: Amerikanische Indianer, die Murias, erzählen sich, daß die Frauen früher zahnbewehrte Scheiden hatten, die nachts den Körper ihrer Herrinnen verließen und die Feldfrüchte auffraßen, wie die Bulimikerin nachts den Kühlschrank der Eltern leert. Schließlich gelang es den Männern, die Scheiden gefangenzunehmen und mit Hilfe der Klitoris an ihrem jetzigen Ort festzunageln. Beide Szenen spiegeln männliche Phantasien von weiblicher Unersättlichkeit und Kastrationslust. Israel glaubt, daß der Zugang zur Hysterie immer durch solche Phantasmen verstellt ist und Männer ihre Angst vor den Frauen schlechthin durch ihr Urteil über Hysterikerinnen auszudrücken pflegen.
** Es gilt heute als gut belegt, daß »multiple Persönlichkeiten« als zentrale Entstehungsbedingung den Glauben ihrer Ärzte oder Therapeuten an solche Erscheinungen brauchen.

ihrer Abwehr, zwischen verzehrender Sehnsucht und strengem Verbot kleidet sich in dem ägyptisch-griechischen Märchen vom losgerissenen, hungrigen Uterus in die Metapher einer internen Bulimie.

Die christliche Tradition im Abendland hat das Bild der Hysterie radikal verändert.* Vom fünften bis zum vierzehnten Jahrhundert werden die naturalistischen Konzepte der Heiden von der unruhigen Gebärmutter schrittweise durch dämonologische Modelle ersetzt. Diese Auffassung leitet der Kirchenvater Augustinus ein, der menschliches Leiden generell als Ausdruck des Bösen sieht, das dem Menschen innewohnt. Hysterische Frauen mit ihren variablen Symptomen und ihrer Neigung zur Selbstdarstellung werden nun abwechselnd als Opfer von Verhexung beschrieben, denen Mitleid galt, oder als Hexen, die mit dem Teufel Sexualverkehr haben und Unschuldige verführen. Die ausgearbeitete Arzneitherapie der Griechen und Römer wird durch Beschwörungen und Exorzismen abgelöst.

Viele würden Hexenverfolgung und Inquisition zu den typischen Eigenschaften einer mittelalterlichen Mentalität rechnen. Aber beide haben ihren Höhepunkt erst in der Neuzeit erreicht und müssen eher als Zeichen der großen sozialen und geistigen Gegensätze der Renaissance gewertet werden. Das Lehrbuch der Hexenverfolgung, der »Malleus Maleficarum« (Hexenhammer) von

---

* Die folgenden Seiten orientieren sich an W. Schmidbauer, Vom Umgang mit der Seele. Psychotherapie zwischen Magie und Wissenschaft. München 1998.

Jakob Sprenger und Heinrich Krämer, erschien, nachdem die systematische Hexenverfolgung 1484 von Papst Innozenz VIII. gutgeheißen wurde. In Florenz hatte der kulturelle Wandel zur Renaissance schon lange begonnen. (Ihr Beginn wird meist mit der Belagerung von Byzanz im Jahr 1452 angesetzt; damals verließen viele griechische Gelehrte die bedrohte Hauptstadt des Oströmischen Reiches und wanderten nach Italien aus.) Wahrscheinlich hatten die Hexenverfolgungen einen ideologischen Wert: Sie festigten durch ein insgesamt »hysterisches« System, durch Rollenspiel und Übertreibung eine brüchig gewordene Ordnung. Die Kirche mußte Druck ausüben und sich durch Verfolgung heiligen, weil sie den kritisch geschärften Blick der freien Stadtbürger nicht mehr überzeugte. Die Lehre der Hexenverfolger war ausgesprochen frauenfeindlich: »Das Weib ist ein Tempel, der über eine Kloake gebaut ist« (Bromberg 1959, S. 51); es lenkte von anderen Widersprüchen und Ungerechtigkeiten ab. Man kann also mit einem Recht (und einiger Unschärfe) sagen, daß die Hexenverfolgungen im sechzehnten und siebzehnten Jahrhundert ähnliche Funktionen erfüllen wie die Hysteriediagnose im achtzehnten und neunzehnten: Beide helfen, die bedrohliche Einsicht abzuwehren, daß eine Gesellschaft, die den einzelnen aus festen Rollen entläßt und seine Lebensgeschichte dynamisiert, Einschränkungen nicht mehr begründen kann, die für Frauen gelten und für Männer nicht.

Die traditionelle Gesellschaft fesselt beide, den Mann ebenso wie die Frau. Die Renaissance beginnt, die

Männer aus diesen Fesseln zu entlassen; diese Bewegung setzt sich in der Aufklärung fort. Der »entfesselte« Uterus symbolisiert den männlichen Versuch, den Frauen einzureden, daß sie krank seien, wenn sie versuchen, dieselben Möglichkeiten zu erobern wie die Männer. Dasselbe symbolisiert die Hexe.

Von den Verfolgern wird der Hexenkult durch christliche Elemente definiert, die in ihr Gegenteil verkehrt seien. Während für die gebildeten Menschen das Studium der klassischen Schriftsteller und die keimende Naturwissenschaft Oppositionsmöglichkeiten gegen die erdrückende Kirche und das unwürdige Verhalten ihrer Würdenträger bieten, können die ungebildeteren Schichten und die zur Bildung kaum zugelassenen Frauen nur in einer religiösen Sprache ihre Gegnerschaft ausdrücken.

Der »Malleus maleficarum« oder Hexenhammer wird von der geistlichen und weltlichen Macht als Gesetzbuch akzeptiert. Im ersten Teil dieses Buches wird die Existenz von Teufeln und Hexen bewiesen; wer sich nicht überzeugen läßt, gilt selbst als Opfer des Teufels. Im zweiten geht es darum, wie man Hexen erkennt, im dritten, wie man sie bestraft und hinrichtet. Der »Hexenhammer« widerspricht einigen Rechtsvorschriften der Zeit und verschärft sie. Während sonst etwa die Folter nicht wiederholt werden darf, ist es bei Hexen gestattet, nach einigen Tagen erneut zu beginnen (was man als Fortsetzung der ersten Tortur bemäntelt). Grausame Proben gelten als erlaubt. Die Verdächtige wird schmerzhaft gefesselt, indem man die linke Hand mit der rechten großen Zehe und die rechte Hand mit der linken fest verbindet und sie dann an einem langen Strick um den Leib ins Wasser wirft: Schwimmt die Hexe oben, ist ihre Schuld erwiesen, geht sie unter, gilt sie als unschuldig.

Als sicheres Hexenzeichen gilt die *griffe du diable*, ein Muttermal, das - mit einer Nadel angestochen - nicht blutet und schmerzt. An dieser Stelle (einer hysterischen Anästhesie) hat der Teufel die ihm Verschworene berührt, um den Bund zu kennzeichnen! Der Hexenwahn dauert bis 1700; danach ist seine größte Gewalt gebrochen, obschon noch 1860 und 1873 zwei angebliche Hexen in Mexiko verbrannt werden. Der Höhepunkt liegt im sechzehnten und siebzehnten Jahrhundert (noch gegen Ende des sechzehnten verurteilte ein einziger Inquisitor, Remigius, in Lothringen achthundert Hexen zum Scheiterhaufen).

Das Ende der Hexenverfolgungen hängt mit dem Aufstieg der medizinischen Berufe zusammen. Ärzte erobern neue professionelle Felder. Ein Beispiel ist die Karriere von Johann Weyer, 1516 im heute holländischen Grave geboren. Er studiert in Frankreich und nimmt dort den Namen Jean Wier an. 1550 wird er Leibarzt des Herzogs Wilhelm von Kleve, der manchmal an Depressionen leidet und Verwandte hat, die seelisch gestört sind. Da der Herzog selbst bemerkt, daß diese Kranken manche Erscheinungen zeigen, die man sonst bei Hexen beobachtet haben wollte, neigt er Weyers Gedanken über eine seelische Krankheit als Ursache der angeblichen Hexerei zu.

Im Dienste des Herzogs reist Weyer in benachbarte Fürstentümer, spricht mit angeblichen Hexen und ihren Anklägern und weist immer wieder auf die natürlichen Ursachen der angeblich zauberischen Zeichen hin. So untersucht er etwa ein junges Mädchen, das behauptet, der Teufel praktiziere Nadeln und Nägel in seinen Magen, und findet, daß an diesen Gegenständen nur Speichel, aber keine Spur von Magensaft haftet, das Mädchen also lügt (wahrscheinlich nicht bewußt, sondern in einem Dämmerzustand, wie er oft bei Hysterie auftritt).
In einem anderen Fall, den er in seiner Schrift »De commentitis jejuniis« (Über angebliches Fasten) beschreibt, setzt sich Weyer mit einem anorektischen Mädchen auseinander, das damals von sich behauptet, durch ein frommes Wunder bereits zwei Jahre ohne Speise und Trank zu leben. Weyer bewies durch genaue Kontrolle, daß die zwölfjährige Schwester dem betroffenen Mädchen Lebensmittel und Wasser zusteckte.
In der Person Weyers sehen wir ein Beispiel für typische Entwicklungen in der Geschichte helfender bzw. sinnstiftender Berufe. Seine wissenschaftliche Arbeit erfüllt standespolitische Funktionen. Im Bündnis mit einem der Landesfürsten, die auch den Protestantismus in Europa durchsetzen halfen, macht er den Theologen einen Teil ihres Gebietes abspenstig und reklamiert ihn für die Medizin. Frauen, die von sich glauben, sie seien Hexen, brauchen einen Arzt, keinen Inquisitor und keinen Exorzisten.

Die Scholastiker hatten mit Aristoteles die Vernunft nicht als Dienerin der menschlichen Orientierung in dieser Welt, sondern als eingepflanztes Licht zur Suche nach göttlicher Offenbarung aufgefaßt. Diese Lehre wird nun zunehmend in Frage gestellt; der weltliche Intellekt siegt über die himmlische Erleuchtung. Skeptische Suche nach konkreten Daten bestimmt zunehmend die Heilkunde. Einer ihrer namhaften Vertreter im siebzehnten Jahrhundert, Thomas Sydenham (1624 bis 1689), fordert energisch, jede Voreingenommenheit fallenzulassen, während man beobachte, denn »Autoren, deren Denken verschroben ist... haben Krankheiten Erscheinungen zugeschrieben, die nur in ihren Gehirnen existierten...« Er weist auf die Gefahr hin, Züge, die zu der eigenen Theorie passen, besonders zu betonen und zu übersehen, was sich nicht in sie fügt. Damit legt Sydenham die Grundlage zu einer Auffassung der Hysterie, in der sowohl die antike, gebärmutterzentrierte Auffassung wie die dämonologische Deutung in den Hintergrund treten. Hysterie hat mit den Nerven zu tun, Nerven haben Männer wie Frauen, also muß es auch hysterische Männer geben: Was Shakespeare dichterisch vollzog, wird nun logisch begründet.

Sydenham stellt fest, daß hysterische Beschwerden die häufigste chronische Krankheit überhaupt sind. Das einzige Zugeständnis an die Lehren des Hippokrates und Galen, welche seine Zeitgenossen immer noch beherrschen, liegt darin, daß er den männlichen Hysteriker Hypochonder nennt. In seinem Werk über die Hysterie »Epistolary Dissertation on the Hysterical Affections« erwähnt der englische Empiriker alle Symptome, die später auch Charcot und schließlich Freud beschreiben: die Lähmungen, die Sydenham auf heftige Gefühlsbewegungen zurückführt, die Krämpfe, welche epileptischen Anfällen gleichen, Nierenkoliken, Herzschmerzen. Er bemerkt, daß kein einzelnes Symptom spezifisch ist, außer einer großen Menge klaren Urins, die nach dem Anfall ausgeschieden werden. Um Hinweise zu erhalten, seelische von körperlich bedingten Schmerzzuständen zu unterscheiden, erkundigt sich Sydenham nach den Lebensumständen des Kranken zu der Zeit, in der die Symptome erstmals auftreten. Diese Frage stellen Psychotherapeuten bis heute.

Sydenham hält Frauen wegen ihres angeblich geringer belastbaren Nervensystems für empfänglicher, doch seien Männer ebenso betroffen. Ursache der vielfältigen Symptome, von denen Sydenham anschauliche klinische Beispiele gibt, sind Störungen in der Beziehung zwischen den »animal spirits« auf der einen, dem »mind« auf der anderen Seite; ausgelöst werden sie durch heftige Affekte: Wut, Trauer, Liebe, Schmerz.

Die englischen Theorien über die Hysterie werden auch im deutschen Sprachraum rezipiert. Im achtzehnten und angehenden neunzehnten Jahrhundert gibt es eine Reihe von Publikationen über »Hysterie und Hypochondrie«. Besonders interessant ist ein Traktat, in dem sich der Autor selbst als Betroffener zu erkennen gibt; nach unserer heutigen Einteilung würde man eine

Herzneurose diagnostizieren. »Hypochondrie und Hysterie sind nur dem Namen nach verschieden«, stellt 1797 J. W. L. von Luce in einem »praktischen Handbuch für angehende Ärzte« fest.* Der männliche Hysteriker heißt Hypochonder, wie eine weibliche Hypochonderin Hysterikerin.

Im Gegensatz zur Unisex-Mode, dem anything goes der Moderne, ist die traditionelle Welt in zwei Hälften geteilt, die sozusagen diplomatische Beziehungen unterhalten, sich im übrigen jedoch wie autonome Staaten verhalten.** Es gibt die Welt der Frauen und die der Männer. Frauen kleiden sich anders, verhalten sich anders, tun andere Dinge als Männer. In der Aufklärung, der Luces Schrift zuzuordnen ist, wird diese Unterscheidung zum ersten Mal diskutiert, aber noch längst nicht aufgehoben.

Der Verdacht liegt aber nahe, daß der Diskutant, der anläßlich von Freuds Vortrag über die männliche Hysterie auf den Widersinn dieses Begriffes hinwies, indem er die Etymologie ins Spiel brachte, nicht die primitive Theorie des Hippokrates von der losgelassen im Körper der Frau vagierenden Gebärmutter im Kopf hatte, sondern die im siebzehnten und achtzehnten Jahrhundert entwickelte Nomenklatur, nach der männliche Hysteriker als Hypochonder bezeichnet wurden.

---

* J. W. L. von Luce, Versuch über Hypochondrie und Hysterie. Ein praktisches Handbuch für angehende Ärzte. Gotha 1797.
** Ivan Illich, Genus. Reinbek 1986.

Die Symptome dieser Krankheit mit zwei Namen sind laut Luce bei beiden Geschlechtern gleich, abgesehen davon, daß die typischen Unterleibskrämpfe bei den Frauen eben auch die Gebärmutter mit erfassen. Sie sind auf eine erhöhte Reizbarkeit des nervösen Systems zurückzuführen und umfassen neben den Krämpfen Angst, Bangigkeit, Traurigkeit, Schwindel, Stiche im Leib, *globus* und *clavus hystericus* (*globus* ist lat. Ball: die hysterische Schluckstörung, das Gefühl, einen »Kloß im Hals« stecken zu haben; *clavus* ist lat. Nagel, das Gefühl, daß ein Nagel in den Kopf getrieben wurde). Ohrensausen, Herzklopfen, Blähungen und Durchfälle, Schlafstörungen und ein elendes Gefühl am Morgen, das abnimmt, wenn man die Tagesarbeit angepackt hat, werden als weitere Krankheitszeichen genannt; auch die Ausscheidung großer Mengen klaren Urins nach einem »Anfall« ist erwähnt.

Die Hysterie wird im Zug der bürgerlichen Interpretation der Welt mehr denn je zum Spielball der unterschiedlichsten Interessen. Das Bürgertum ist von Anfang an eng an Zünfte gebunden: Berufsgruppen, die eifersüchtig miteinander um jedes Stück Terrain kämpfen, aber eben deshalb auch schon früh strenge Ordnungen entwickelten, um diese Kämpfe zu regeln und eine für alle schädliche Anarchie zu verhindern. Das Ringen des siebzehnten Jahrhunderts, ob für die hysterischen Leiden Hexenverfolger oder Ärzte zuständig seien, wiederholt sich im beginnenden neunzehnten Jahrhundert als Streit zwischen den Spezialisten für Neurologie und Gynäkologie. Uterine und zerebrale

Der hysterische Mann

Theoretiker kämpfen um den anatomischen Sitz und damit die wissenschaftliche Zuständigkeit für diese Krankheit.* Den Ausschlag zur »Neurogenie« gibt schließlich Jean-Martin Charcot.
Charcot war ursprünglich Neurologe und seit 1882 Chefarzt der Salpêtrière, dem Armenkrankenhaus von Paris, das damals fünftausend Patienten beherbergte. Stark von der organischen Theorie des Hypnotismus beeinflußt, wie sie Braid aufgestellt hatte, hält Charcot auch die Hysterie für eine organische Krankheit, eine Schwäche des Nervensystems, die mit erhöhter Erregbarkeit der Muskulatur verbunden sei. Doch übertrifft er seine Zeitgenossen an unbefangener Beobachtungsgabe. Wie andere mit dem Thema beschäftigten Nicht-Gynäkologen beschreibt er hysterische Symptome von Männern und weist nach, daß man neurotische Lähmungen in Hypnose willkürlich hervorrufen und manchmal auch bestehende, seelisch bedingte Lähmungen auf diesem Weg heilen könne.
Viele von Charcots Beschreibungen der Hysterie werden stark angezweifelt, sobald er als Leiter der großen Pariser Klinik, der Salpêtrière, abgetreten ist. Kürzlich hat der kanadische Sozialforscher Shorter** gezeigt, wie der »wissenschaftlich« vorgehende Arzt und die »nervöse« Patientin in der Gestaltung von Krankheiten und Krankheitssymptomen in einer Weise zusammen-

---
* Mark S. Micale, Approaching Hysteria. New Jersey 1995, S. 23.
** Edward Shorter, Moderne Leiden. Zur Geschichte der psychosomatischen Krankheiten. Reinbek 1994.

wirken, die wir heute vielleicht mit der Interaktion von Regisseur und Schauspielerin vergleichen würden.
Charcots Ansehen in Paris beruht zunächst auf soliden neurologischen Diagnosen, wird von ihm aber mit großem Sinn für Prestige und Machtausübung durchgesetzt und in Bereiche erweitert, in denen sich das medizinische »Wissen« nicht von dem der Astrologie unterscheidet. Charcot weist z. B. nach, daß die charakteristischen Schäden der Kniegelenke bei Spätsyphilis mit Rückenmarksbefall nicht durch die Grundkrankheit, sondern durch sekundäre Traumen entstehen. Weil die Kranken Tiefensensibilität und Vibrationsempfindung in den Beinen eingebüßt haben, treten sie so ungeschickt auf, daß ihre Gelenke zerstört werden.
Daß ein Gelehrter die Hypothese, die sich an einem Ort bewährt hat, auf ein noch ungeklärtes Phänomen anwendet, liegt nahe. Daß er freilich, wenn sich die Erscheinungen gegen die Hypothese wehren, nicht locker läßt, bis sie sich ihr fügen, setzt ein Forschungsgebiet voraus, in dem das Zusammenspiel zwischen Arzt und Patientin Inszenierungspotentiale erschließt. Die »große Hysterie«, die Charcot entwirft und bis zu seinem Tod im Bewußtsein der europäischen Medizin verankert, ist laut Shorter ein Kunstprodukt, erzeugt durch suggestive Ansteckung der zusammengepferchten Patientinnen und aufrechterhalten durch die »hypnotischen« Bemühungen der Assistenten, Beweise für die Theorie des Meisters zu finden.
Daß die Hysterie durch epileptoide Anfälle charakteri-

siert ist, denen ein »Stadium des Clownismus« und ein »Stadium der pathetischen Haltungen« folgen, galt so lange, wie Charcot seinen Assistenten dieses Krankheitsbild glaubhaft machte. Jules-Joseph Dejerine, der zwei Jahre nach Charcots Tod dessen Lehrstuhl übernimmt, betreut ebenfalls einen ganzen Saal armer hysterischer Frauen. Aber wo unter Charcot gezuckt und geschrieen wurde, geht es jetzt ruhig zu, weil der Chef keine Anfälle mag. »In den acht Jahren, die ich nun an der Salpêtrière bin«, faßt Dejerine zusammen, »haben die Symptome der sogenannten großen Hysterie, wo sie sich in meiner Abteilung zeigten, in keinem einzigen Fall länger als eine Woche angehalten.«

Freud nennt Charcot einen »der größten Ärzte, einen genial nüchternen Menschen«*. Vor seinen Besuchen bei Charcot nimmt der junge Wiener Arzt immer eine kleine Dosis Kokain. In den ersten Jahren seiner ärztlichen Arbeit, die Freud nach seiner Rückkehr widerwillig aufnimmt, um die brotlose Arbeit als Forscher zu beenden und endlich seine geliebte Martha heiraten zu können, verwendet er in einer gemischten, aber vorwiegend neurologischen Praxis nahezu ausschließlich die Hypnose. Er verzichtet also weitgehend darauf, organische Nervenleiden zu behandeln, was ihm nicht schwerfällt, da deren Therapie meist wenig aussichtsreich ist und die Zahl der potentiellen Patienten viel geringer ist als die der Neurotiker, die einen Arzt nach

---

* Zit. n. E. L. Freud (Hsg.), Sigmund Freud: Brautbriefe. Frankfurt 1968, S. 111.

dem anderen aufsuchten, ohne daß ihnen einer helfen kann. Freud ist ein guter Hypnotiseur, seine Erfolge tragen ihm den »Ruf des Wundertäters« ein, wie er selbst bemerkt. Dennoch werden bald seine wissenschaftlichen Interessen wieder wach.

Die Hypnose erinnert ihn zu sehr an Magie, da sie über den Sinn und die Ursache der Symptome nichts zu sagen weiß, denen sie die Existenz zu verbieten sucht. Darüber hinaus mißlingt es immer wieder, einen Kranken zu hypnotisieren. In anderen Fällen ließ sich keine so tiefe Hypnose erzielen, wie Freud wünscht. Liegt es an der Technik, die er verwendet? Um sich Gewißheit zu verschaffen, reist Freud 1889 nach Nancy, wo Liébault und Bernheim die damals bekannteste Schule des Hypnotismus begründet hatten. Er läßt eine seiner Patientinnen, eine vornehme und begabte Hysterika, nach Nancy nachkommen. Nie ist es ihm gelungen, sie in eine wirklich tiefe Hypnose mit Somnambulismus und nachträglicher Erinnerungslosigkeit zu versetzen. Bernheim versucht ebenfalls, diese Kranke zu hypnotisieren, doch auch er scheitert. Er gesteht Freud, daß er seine aufsehenerregenden Erfolge mit Hypnose nur bei den mittellosen Spitalpatienten aus der Arbeiterklasse erziele, die im Arzt ein höheres Wesen sehen, nicht aber bei seinen gebildeten und kritischen Privatpatienten. Freud führt eine Reihe anregender Gespräche mit Bernheim und übersetzt später dessen beide Bücher über die Suggestion ins Deutsche. »Dann kam ein langes medizinisches Gespräch über die ›moral insanity‹ und Nervenkrankheiten und merkwürdige Fälle, auch Deine Freundin Bertha Pappenheim kam wieder aufs Tapet.« So schreibt Freud 1883 an seine Verlobte. Der Freund, mit dem er speiste, war vierzehn Jahre älter als er und hieß Joseph Breuer. Bertha Pappenheim, später eine kämpferische Vertreterin der Frauenemanzipation, hat in der Geschichte der Psychoanalyse historische Bedeutung gewonnen. Sie wurde unter dem Pseudonym Anna O. in den von Breuer und Freud gemeinsam verfaßten »Studien über Hysterie« (1895) beschrieben.*

Anna O.s Krankheit ist aufgetreten, als sie ihren schwer leidenden Vater pflegt. Sie ist damals einundzwanzig Jahre alt und leidet an einer steifen Lähmung der rechten Körperhälfte, teilweiser oder völliger Blindheit, heftigem nervösem Husten, einmal wochenlang an einer Unfähigkeit, trotz quälenden Durstes zu trinken, sie kann ihre Muttersprache eine Zeitlang weder sprechen noch verstehen und verfällt häufig in einen Zustand der Verworrenheit. Statt, wie es die meisten Ärzte seiner Zeit getan hätten, diese Störungen als nervöse Degeneration zu bagatellisieren, beschäftigt sich Breuer geduldig mit der Kranken.

Es fällt ihm auf, daß sie in ihren geistesabwesenden Zuständen bestimmte Worte vor sich hinmurmelt. Breuer

---

* Zur Verschlüsselung wurden die Initialen im Alphabet um einen Buchstaben vorgerückt und ein passender Vorname gesucht. In dem Roman »Und Nietzsche weinte« hat der amerikanische Gruppentherapeut Irvin Yalom 1994 die Geschichte von Bertha Pappenheim und Josef Breuer verarbeitet.

versetzt nun Anna O. in Hypnose und sagt ihr diese Worte wieder vor; sie geht darauf ein und erzählt jedesmal eine Reihe trauriger, oft poetisch schöner Phantasien, die gewöhnlich die Situation eines Mädchens am Krankenbett seines Vaters zum Ausgangspunkt haben. Kann die Kranke eine Reihe solcher Tagträume erzählen, so ist sie nachher wie befreit und kehrt aus dem Dämmerzustand in einen Zustand klaren Bewußtseins zurück, bis sie nach einigen Tagen wieder immer verwirrter wird und auf dieselbe Weise behandelt werden muß.

Allmählich gelingt es Breuer aber, durch sein *chimney sweeping** mehr zu erreichen, als eine vorübergehende Erleichterung. Manchmal verschwinden Symptome auch für immer, wenn es gelingt, sie in der Hypnose bis zu ihrem ersten Anlaß zurückzuverfolgen und einen damals unterdrückten Affekt, eine heftige Gefühlsbewegung zu wiederholen. Zum ersten Mal beobachtet das Breuer, als Anna O. nicht mehr trinken kann und trotz heftigen Durstes das ersehnte Glas Wasser zurückstößt. Nach einigen Wochen erinnert sie sich in der Hypnose plötzlich an eine Szene, in der sie ihre englische Gouvernante beobachtete, wie diese einen kleinen Hund, ein ekelhaftes Vieh, aus einem Wasserglas trin-

---

* Engl. »Kaminfegen«; Anna O. sprach eine Weile nur Englisch und prägte selbst diesen Ausdruck für ein Vorgehen, das Breuer »kathartisch« nannte, nach »Katharsis«, dem griechischen Wort für »Reinigung«, das bereits in der Antike auch für die Wirkung des Anblicks von tragischen Schauspielen verwendet wurde.

ken ließ. Anna O. hatte damals ihren heftig aufwallenden Ekel unterdrückt; jetzt in der Hypnose gibt sie ihm energisch Ausdruck, verlangt anschließend zu trinken und erwacht, das Glas noch an den Lippen, und ist von da an von dieser Störung völlig geheilt.

Diese Entdeckung Breuers ist für die Geschichte der Hysterie sehr wichtig, obwohl (oder weil) auf einer bisher wenig erforschten Ebene das hysterische Element sich dem Arzt nur scheinbar unterworfen, ihn hintergründig aber besiegt hat. Anna O. wird durch Breuer nicht geheilt, sondern er verstrickt sich mit ihr in eine gemeinsame Hysterie, die erst nach dem Abbruch dieser Beziehung jede(r) der Beteiligten allmählich überwindet.

Breuer vergleicht die hysterischen Symptome mit einem posthypnotischen Auftrag, einem jener Befehle, die der Hypnotiseur während einer tiefen Hypnose erteilt und die später von der Versuchsperson ausgeführt werden, ohne daß diese einen Grund für ihre Handlung angeben kann. Er glaubt, daß Erlebnisse in einem hypnoiden Zustand besonders leicht zu Traumen werden. Werden sie nun wieder erinnert, so wirkt diese Erinnerung reinigend. Breuer nennt sein Verfahren Psychokatharsis; die »eingeklemmten« Gefühlserregungen sollen in der Hypnose abreagiert werden.

Dieses Modell ist eher ein Symptom als eine Kur der Hysterie: sich auszudrücken, die eigenen Affekte ungeheuer wichtig zu nehmen und zu versuchen, mit Hilfe kindlichen Agierens Aufmerksamkeit zu finden gehört zur grundlegenden Dynamik der Hysterie. Daß Breuer es als befreiend und heilsam ansieht, zeigt eher seine eigene Hysterie als eine Einsicht in die Dynamik der Krankheit. Wenn sein Vorgehen soviel Aufmerksamkeit findet und bis heute in der populären Theorie seelischer Leiden das Thema einer »krankmachenden Unterdrückung von Gefühlen« eine zentrale Rolle spielt, dann signalisiert das vor allem, wie sehr die frühe, kathartische Psychotherapie in die beginnende Entsublimierung der Konsumgesellschaft paßt.

Die Wahrheit über die Behandlung der Anna O. ist erst später aufgedeckt worden; sie zeigt, daß die Entwicklung der kathartischen Methode weit komplikationsreicher war, als es die von Breuer mitgeteilte Krankengeschichte erwarten läßt. Bertha Pappenheim und Breuer sprachen fast täglich mehr als zwei Stunden miteinander, und dieses Unternehmen endete nicht, weil eine Kur erfolgreich oder ein Erkenntnisprozeß abgeschlossen war, sondern weil eine an sich Unbeteiligte nicht mehr mitspielen wollte: Breuers Ehefrau Mathilde. Als Breuer den Fall veröffentlicht, stellt er Anna O. als geheilt dar. Die Wahrheit sieht anders aus, und es mutet merkwürdig an, daß Freud, der um sie wußte, dennoch diese geschönte Darstellung duldet.

Breuer hat die Behandlung am siebten Juni 1882 beenden wollen. Am Abend desselben Tages wird er zu Bertha gerufen. Sie ist sehr erregt, windet sich unter »Geburtswehen« und sagt, das »Kind« sei von ihm. Breuer versucht vergeblich, seine Patientin durch Hypnose zu beruhigen und verläßt dann fluchtartig das Haus. Damit ist die Arzt-Patient-Beziehung gescheitert.

Bertha wird in den nächsten Jahren in verschiedenen Sanatorien behandelt, unter anderem wegen einer Morphinsucht, die während der Arbeit mit Breuer entstanden ist.

Die Mystifizierungen, welche in der analytischen Geschichtsschreibung den Fall Anna O. umgeben, hängen mit dem Versuch zusammen, narzißtische Bedürfnisse der beteiligten Ärzte zu befriedigen und Unsicherheiten durch eine Mischung aus Größenanspruch und Entwertung von Rivalen zu bekämpfen.* Breuer, der sich redlich bemüht hat und schließlich erschöpft aufgab, wird darin zum ängstlichen Mann, der verzagt, wo Freud mit klarer, kühner Einsicht die Behandlung gerettet, die Übertragungsliebe entdeckt und Anna O. geheilt hätte.

Diese Selbstüberschätzung verdient einen Advocatus diaboli, der gegen sie einwendet, daß wir nicht wissen, ob ein distanzierter Analytiker mit dieser Patientin womöglich weniger weit gekommen wäre als der verachtete Breuer, der sich immerhin zwei Jahre in ein kreatives Chaos begab und sich schließlich, versengt, beschädigt und mit dem Wunsch, nie wieder dorthin zu geraten, daraus rettete. Vor allem glorifiziert diese

---

* Inzwischen gibt es sogar eine Deutung, die ebenso vorurteilsvoll in die entgegengesetzte Richtung marschiert: Nun ist Anna O. nicht mehr die von Breuer (fast) geheilte Kranke, sondern ein Opfer ihres Therapeuten, die sich seinetwegen durch Selbstsuggestionen eben jene Symptome verschafft hat, welche sie ihm anschließend erlaubte zu kurieren. Diese These vertritt Mikkel Borch-Jacobsen, Anna O. zum Gedächtnis. Eine hundertjährige Irreführung. München 1998.

Version der Geschichte die Möglichkeit, mit hysterischem Agieren fertig zu werden, ohne daß eigene hysterische Neigungen erwachen.

Damit haben Breuer und auch Freud einen großen Teil ihrer Einsichten auch gleich wieder preisgegeben: Sie untersuchten nicht ihre Verstrickungen, sondern nur die ihrer Patientinnen. Auch Breuer hat hysterisch reagiert. Könnte es sein, daß die hysterische Disposition des Arztes nicht Ergebnis einer Ansteckung, sondern Vorbedingung seines immensen Interesses für die Kranke ist? Es gibt einen dynamischen Zusammenhang zwischen Hysterie und Helfersyndrom*: die Bindung an eine idealisierte Eltern-Kind-Situation. Der Helfer ist dabei offen mit der aktiven, latent mit der passiven Seite identifiziert; er strebt bewußt danach, idealer Elternteil zu sein, und sucht darin unbewußt seine kindlichen Bedürfnisse nach umfassender Anerkennung ohne Gegenleistung zu befriedigen. Der Hysteriker hingegen ist offen mit der passiven Bedürftigkeit identifiziert – er will alle Aufmerksamkeit für sich und sein Leiden; bei ihm ist die Rolle des Helfers und Helden im Hintergrund.

Anna O.s Störungen traten auf, als sie sich in der Helfer-Rolle (sie hatte ihren kranken Vater gepflegt) völlig erschöpft hatte; ihre Symptome kreisen um einen Mangel an »normalem« Austausch mit ihrer Umwelt, z. B. Essen, Trinken, Sprechen, sexuelle Wünsche.

---

* Zum Helfersyndrom: W. Schmidbauer, Die hilflosen Helfer. Reinbek 1977, 1997.

Nach dem Abbruch der Behandlung bei Breuer und einer Reihe von Sanatoriumsaufenthalten ist Anna O. alias Bertha Pappenheim wieder die Helferin geworden, die sich sozialpolitisch engagierte, mehrere Bücher schrieb und sich vor allem der »gefallenen Frauen«, z. B. der an Bordelle verkauften Jüdinnen aus dem Osten annahm. Sie blieb unverheiratet.
Freud stellte fest, daß »die persönliche affektive Beziehung doch mächtiger war als die kathartische Arbeit.*« – »Als ich einmal eine meiner gefügigsten Patientinnen (...) durch die Zurückführung ihres Schmerzanfalls auf seine Veranlassung von ihrem Leiden befreite, schlug sie beim Erwachen ihre Arme um meinen Hals. Der unvermutete Eintritt einer dienenden Person enthob uns einer peinlichen Auseinandersetzung, aber wir verzichteten von da an in stillschweigender Übereinkunft auf die Fortsetzung der hypnotischen Behandlung.«**
Die Frau und der Arzt verhalten sich wie ertappte Liebende, die ein unerlaubtes Verhältnis stillschweigend beenden. Aber Freud ist nicht so traumatisiert wie Breuer, der seine Erlebnisse verdrängen möchte und künftig vergleichbare Situationen meidet. Er betont seine Selbstkritik: »Ich war nüchtern genug, diesen Zufall nicht auf die Rechnung meiner persönlichen Unwiderstehlichkeit zu setzen und meinte, jetzt die Natur des mystischen Elements, welches hinter der Hypnose

---

* S. Freud (1925), »Selbstdarstellung«, Ges. W. Bd. XIV, S. 52.
** S. Freud, Ges. W. Bd. XIV, S. 52.

wirkte, erfaßt zu haben. Um es auszuschalten oder wenigstens zu isolieren, mußte ich die Hypnose aufgeben.«*
Freuds bahnbrechende Neuerung lag darin, daß er die Hysterie nicht beseitigen, sondern verstehen wollte und aus diesem Grund von den Versuchen Abstand nahm, die Krankheit sozusagen um jeden Preis zu bezwingen. Darin drückt sich vieles aus: sein Ehrgeiz, sein Respekt vor Frauen, seine Nähe zu Unterdrückten und seine Abneigung gegen Unterdrücker, seine soziale Situation als in die ärztliche Arbeit gezwungener Naturforscher, der endlich einen würdigen Gegenstand gefunden hatte. Obwohl alle Hysterien, die Freud in seinem ersten psychologischen Werk beschreibt, Erkrankungen von Frauen sind, macht er keinen Hehl daraus, daß die in diesen Fallgeschichten entdeckten seelischen Vorgänge für alle Menschen gelten und nur im Rahmen einer persönlichen Beziehung erforscht werden können.

---

* S. Freud, Ges. W. Bd. XIV, S. 52.

Die Wahrheit der Hysterie

> »Ich zweifle ja nicht, daß es dem Schicksale leichter fallen müßte als mir, Ihr Leiden zu beheben: Aber Sie werden sich überzeugen, daß viel damit gewonnen ist, wenn es uns gelingt, Ihr hysterisches Elend in gemeines Unglück zu verwandeln. Gegen das letztere werden Sie sich mit einem wiedergenesenen Seelenleben besser zur Wehr setzen können.«*

Seit sie als Motiv unseres Denkens nachweisbar ist, hat die Hysterie damit zu tun, daß ein Ding nicht an seinem Platz ist. Unordnung herrscht, sie führt zu Angst, die sich bis zur Panik steigern kann. Bewältigungsversuche setzen ein, die Unordnung zu beheben. Das probateste Mittel, das der Erwachsene hat, um sich gegen seine Existenzangst zu behaupten und angesichts des Unausweichlichen einen kleinen Aufschub zu gewinnen, ist die Sexualität und in ihrer Folge die Hoffnung auf das Heranwachsen der eigenen Kinder. Sexuelle Erregung mindert die Angst; Kinder lenken von der Begegnung mit dem eigenen altern ab.

---

* S. Freud, Studien über Hysterie, Ges. W. Bd. I. Frankfurt 1950, S. 312.

Beides – sexuelle Aktivität und Schwangerschaft – wurde in den traditionellen Welten, als die Hysterie noch mit der losgerissenen Gebärmutter erklärt wurde, auch als Behandlung dieses Leidens empfohlen. Heute fallen an hysterischen Männern und Frauen eher ihre Neigungen auf, sich diesen existentiellen Behelfen zu entziehen. Sie ringen darum, alles besonders gut zu machen. Eine wirklich gute, wirklich befriedigende, wirklich leidenschaftliche und wirklich stabile Beziehung ist doch das Mindeste an Basis! Leider führen diese Verbesserungsversuche in der Praxis eher dazu, daß die Partnerschaft unbefriedigender wird und die ersehnte Schwangerschaft daran scheitert, daß aneinander die überoptimale Elternqualität vermißt wird. Die »moderne« Hysterie, die wir seit Flauberts Roman über Emma Bovary beobachten können, hängt mit unerfüllten narzißtischen Ansprüchen zusammen. Die Realität – die Partnerin, die Heimatstadt, die Freunde, der Beruf – sind nicht gut genug. Was andere sind, was andere haben, wäre besser; erst fehlt der Becher, später der Wein. Die unwissende Kraft der Jugend wird ohne eigentliches Erwachsenenalter von der wissenden Kraftlosigkeit des Alters abgelöst, für die ernsthafte sexuelle Bindung ist es lange Zeit zu früh und dann mit einem Mal zu spät. Diese Qualitäten teilen Männer und Frauen, wir nennen sie heute oft »narzißtische Störung«, aber das lenkt, so scheint es mir, von ihrer Verwurzelung in der menschlichen Sexualität ab.

Denn um deren Grundtatsachen geht es. Erwachsen ist nicht, wer irgendwelche psychologischen Ideale erfüllt, sondern wer die Verantwortung für sich selbst, für seine Kinder und seine Eltern tragen kann. Die Charakterqualitäten, die wir als »hysterisch« erleben und die jeder geschulte Beobachter im eigenen Erleben entdeckt, auch wenn es ihm gelingt, sie zu beherrschen, hängen damit zusammen, daß dieser Zustand instabil ist und Stabilität gerade im Akzeptieren seiner Gefährdung gewinnt.

Eine fünfzigjährige Frau berichtet, daß sie in letzter Zeit immer wieder völlig »hysterisch« reagiere, ihren Partner oder ihre Kolleginnen anschreie. Sie ist gerade damit beschäftigt, den Umbau ihres Hauses zu organisieren, und kann, obwohl sie einen guten Architekten bezahlt, diesem die Bauleitung nicht überlassen. Sie kontrolliert jede Kleinigkeit, fühlt sich für jedes Versagen der Handwerker schuldig und schläft nur noch drei Stunden pro Nacht, kein Wunder, daß sie immer reizbarer wird und fürchtet, die Kontrolle zu verlieren. Sie fügt dem realen Streß der Mehrbelastung einen hysterischen hinzu, indem sie von sich verlangt, alle Probleme zu lösen, ehe sie schlafen darf. Gerade dadurch wird sie immer unruhiger und meint, ihre Kontrolle steigern zu müssen. Ihre Welt ist durch den »Umbau« in Unordnung geraten; wie Hamlet fühlt sie sich dafür verantwortlich, sie zu ordnen.

Hysterie hängt mit einem Rückkopplungsprozeß zusammen: Das Ich versucht, die zwangsläufige Unsicherheit des Lebens zu kompensieren; durch diese Kompensationen wird die Situation weiter destabilisiert, was die Kompensationsanstrengungen weiter ver-

stärkt. Die Wirkung der Psychoanalyse läßt sich damit verknüpfen: Hier wird einerseits ein Rahmen strikt eingehalten, der Halt gibt (die analytische Sitzung), auf der anderen Seite ein hoher Grad von Unsicherheit hergestellt (durch das Gebot der freien Einfälle, das dem Kontrollbedürfnis entgegenarbeitet).
Auf diese Weise wird ein Lernprozeß eingeleitet, der dazu führen kann, daß der Patient wieder zwischen den Situationen, die er durch Kontrolle verbessern kann, und jenen unterscheidet, die er durch Kontrolle und Perfektionismus verschlechtert – und sei es nur, weil er Energie und Selbstvertrauen vergeudet. Freuds Unterscheidung zwischen dem allgemeinen Leid und dem hysterischen Elend geht in eine ähnliche Richtung: das allgemeine Leid – die Begrenzungen der Biographie, des Körpers, damit des Geschlechts – lassen sich nicht anfechten.
Natürlich wissen auch Psychoanalytiker, daß ihre eigenen Ideale unerfüllbar sind. Kein Mensch ist in der Lage, dem stoischen Ideal zu folgen und das Unausweichliche an seinem Schicksal in jeder Situation ruhig zu ertragen. Seit Menschen denken können, haben sie die Sehnsucht nach der Erfüllung solcher Wünsche projiziert, in Tiere, in Götter. Sie wußten, daß sie um diesen inneren Frieden ringen, ihn aber nicht erreichen können. Lichtenberg hat es in seiner unnachahmlichen Weise positiv umgemünzt: »Wer über gewissen Dingen den Verstand nicht verliert, der hat keinen zu verlieren.«
Hysterie hängt also damit zusammen, daß die mögli-

chen seelischen Verletzungen durch die geschlechtliche Rolle, konkreter: durch seelisch/somatische Aufgaben wie Schwangerschaft, Geburt und hilflose Kindheit abgewehrt werden müssen. Die Entwicklung dieser Abwehr hängt eng mit der kulturellen Evolution zusammen: Je ausgeprägter die Entscheidungsmöglichkeiten im Zusammenhang mit der Fortpflanzung sind, um so mehr unterschiedliche Formen gewinnt die Hysterie. Bereits in der ersten Fallgeschichte von Breuer und Freud läßt sich diese Situation belegen. Anna O. war auf dramatische Weise hysterisch, bis die Zeit vorbei war, in der sie hätte heiraten können. Um die Jahrhundertwende war ein Mädchen um die zwanzig – als Anna O. erkrankte – im besten Heiratsalter, ab fünfundzwanzig war sie spät dran, ab achtundzwanzig nur noch unter Mühen und mit reicher Mitgift zu verheiraten. Mit achtundzwanzig trat Anna O. als Bertha Pappenheim gesund und politisch aktiv an die Öffentlichkeit.

Die in der Moderne entstandene Notwendigkeit, sich für oder gegen enge Beziehungen zu *entscheiden*, hat sicher zu dem enormen Anwachsen der Hysterie bei beiden Geschlechtern geführt. Solange das nicht möglich und daher auch nicht nötig war, scheiterten Männer und Frauen oft genug an der praktischen Bewältigung ihres Lebens, konnten sich nicht vor Hunger und Kälte schützen, fielen einem Stärkeren zum Opfer. Aber jenes exemplarische Scheitern an einer Entscheidung, wie es die Hysterie charakterisiert, war doch selten und – wie Hamlets Zögern – ein Privileg der oberen Schichten. Das gleiche galt für den Rückzug aus der Realität in körperliche Symptome.

Daß die Hysterie mit diesem Entscheidungsdruck zusammenhängt, dokumentiert häufig der Verlauf: Sobald dieser Druck nachläßt, wie bei Bertha Pappenheim, nachdem sie das Heiratsalter verlassen hatte, verschwinden auch die dramatischen Symptome und geben Raum für eine neue Lebensgestaltung. Hysterie heißt, daß Männer und Frauen ihre Geschlechtsrolle überoptimal spielen, daß sie nicht ausreichend auf ihren Körper und ihre Wünsche vertrauen können, daß sie Anlehnung suchen und, weil sie diese suchen, auch eine überoptimale Anlehnung bieten. Ein ebenso ironisches wie illustratives Spiel über dieses Thema ist der Film »Some like it hot« von Billy Wilder, in dem ein Saxophonspieler den reichen Erben spielt, um eine Blondine zu verführen, die sich darüber beklagt, daß sie immer statt der reichen Erben einen Saxophonspieler erwischt, während der echte reiche Erbe – ein Muttersöhnchen – die Liebe seines Lebens in einem als Frau verkleideten Mann findet. Selbst die erotische Begegnung wird zum Spiel: Marilyn Monroe hat die Aufgabe, diesen reichen Erben, der keiner ist, von einer Impotenz zu kurieren, die er nicht hat.

Die Hysterie führt Männer und Frauen dazu, nicht Männer und Frauen zu sein, sondern zu beweisen, daß sie es sind. Daher ihre engen Beziehungen zur Verführung: im Akt der Eroberung vollzieht sich auch der Beweis; im Genuß geht er schon wieder verloren.

Die narzißtische Spende

Die narzißtische Aufwertung durch den Beweis, männlicher oder weiblicher zu sein als jene, die nichts beweisen können oder wollen, ist eine Art Schutzschicht und wurzelt in einer verlängerten Abhängigkeit von Elternbildern: Der hysterische Mann sucht aus dem Augenwinkel immer noch das Leuchten im Auge der Mutter, die ihm beteuert, daß er der einzige Mann ist, der ihr Eindruck macht.
Was die Hysterie oft schwer durchschaubar macht, ist die Tatsache, daß die Dynamik der narzißtischen Spende kein individuelles Geschehen, sondern eine Interaktion ist. Die Geschichte der Hysterie ist, wie wir betont haben, eine Geschichte der Delegation; in der modernen, individualisierten Gesellschaft wiederholen sich solche Delegationen auf zahlreichen Schauplätzen. Ein wichtiges Feld solcher Delegationen sind die helfenden Berufe. Der »vernünftig« an die »unvernünftige« Frau gebundene Helfer reagiert häufig in dem Moment selbst irrational, in dem sich die Partnerin ändert. In einem Fall gelang es während der Therapie, eine Frau von einer heftigen Flugangst soweit zu befreien, daß sie in den nächsten Ferien eine Fernreise buchen wollte. Es geschah, aber während bisher ein souveräner Partner seine zitternde Frau trösten mußte, hatte diesmal die Frau große Mühe, ihrem taumelnden Mann in die Maschine zu helfen: Er hatte sich, um seine wachsende Panik zu betäuben, auf dem Weg Mut angetrunken.

Solche Delegationen neurotischer Symptome sind in der Familienforschung und Familientherapie lange bekannt. Spannend wird es, wenn wir sie auf die unbewußten Haltungen der Helfer anwenden, die Symptome diagnostizieren und Diagnosen entwickeln. Die Hysterie wird, wenn wir sie als »Frauenleiden« ansehen, zu einer Schimäre, die aus der Ferne groß und einheitlich wirkt, näher betrachtet aber in ganz unterschiedliche Einzelbereiche zerfällt und schließlich – wie im Diagnose-Handbuch der amerikanischen Psychiater – gänzlich verschwindet. Als Leiden der Geschlechter aneinander betrachtet, läßt sich die Hysterie nur noch narrativ fassen: als Geschichte über biographische Interaktionen. Dieses Vorgehen spielt in der psychotherapeutischen Praxis eine Hauptrolle; auf der wissenschaftlichen Bühne wird es eher ausgepfiffen. Aus dieser Lage der Dinge heraus wird auch Micales Feststellung verständlicher, daß die Hysterieforschung der jüngeren Zeit vor allem von Literaturwissenschaftlern vorangetrieben wurde (Micale 1995, S. 10 f.).
In dem Spektrum der hysterischen Reaktionen drücken Männer und Frauen ein Bedürfnis aus, für das der Uterus eine Metapher von unübertroffener Dichte ist. Die Realität erscheint, so wie sie durch Sinne und Intellekt wahrgenommen werden kann, dem eigenen Ich unzumutbar. Während dieses Ich in der Psychose die eigene Wahrnehmung trübt, sucht es in der Hysterie nach Schutz und gewinnt Halt durch Anlehnung an idealisierte Werte oder Personen. Diese fungieren dann wie ein erweitertes Ich, sie umgeben die gefähr-

dete, verletzliche Struktur mit Schutz und Schonung, engen sie aber auch ein und müssen sehr oft durch falsche Versprechungen (etwa die künftigen Glücks als Entschädigung gegenwärtigen Elends) die ärgsten Zweifel am Sinn dieses Unternehmens beschwichtigen.
Von hysterischen Symptomen sprechen wir, wenn diese Stützen durch das Repertoire der Körper- und Geisteskrankheiten herbeimanipuliert werden sollen: durch Dämmerzustände, Persönlichkeitsspaltungen, durch Anfälle, Lähmungen, Angstzustände und die vielfältigsten Angstäquivalente – das Herz will stehenbleiben oder macht Schläge außer dem Takt, das Bewußtsein droht zu schwinden, die Beine versagen ihren Dienst, so daß jeder Schritt unmöglich ist. Aber der hysterische Mechanismus reicht weiter; die Symptome können sich in Kompensationen hinein verzweigen, z. B. in die vielfältigen Formen der Sucht.
Wesentlich an der Hysterie ist immer eine soziale Bezogenheit des Symptoms oder der Illusionsbildung. Im Beobachter verfestigt sich die Phantasie, wenn er die betreffende Person auf einer pazifischen Insel aussetzen würde, dann könnte sie plötzlich mit einem Schlag wieder normal gehen, normal essen, sich normal bewegen. Nur hierzulande will es trotz größter Anstrengung nicht gelingen.
Beispiel: Der Patient war in Deutschland entweder unglücklich verheiratet oder schwer asthmakrank. Er versucht es gegenwärtig mit der vierten Ehe – diesmal mit einer Frau, die er wirklich gern hat und neben der er viel Geborgenheit erlebt. Gleichzeitig hat er eine Ana-

lyse begonnen, die zunächst wenig gegen das Asthma ausrichtet. Nur während seines mehrwöchigen Jahresurlaubs, den er fast immer in Mittel- oder Südamerika verbringt, ist er ganz symptomfrei.
Die Illusionsbildung läßt sich auch dort nachweisen, wo Symptome bei dem Partner der hysterischen, d. h. überoptimalen Beziehung fehlen. Die Frau des Alkoholikers ist symptomfrei und sogar besonders realitätstüchtig. Sie versorgt die Kinder, verdient das Familieneinkommen, wenn dem Mann wieder einmal gekündigt worden ist, putzt, wäscht und kocht. Die Hysterie in dieser Situation läßt sich darin finden, daß sie es ihm jedesmal glaubt, wenn er verspricht, nie wieder zu trinken.
Die Hysterie stellt also bei beiden Geschlechtern einen Uterus her, eine Gebärmutter für ein verletztes und daher besonders verletzliches Selbstgefühl. Die Co-Alkoholikerin kann einfach nicht darauf verzichten, daß sie mehr erträgt und mehr leistet als die Durchschnittsfrau; der Schauspieler mit der hysterischen Gangstörung entwickelt dieses Symptom in dem Augenblick, in dem ihm klarwerden könnte, daß er die wirklich großen Rollen auf den wirklich großen Bühnen niemals spielen wird. Nicht die Grenzen seines Talents, sondern die Grenzen seines Körpers sind es, die ihn aufhalten; das Symptom schützt ihn, dient als Puffer gegenüber einer als allzuschmerzlich erlebten Wahrnehmung der nackten, grausamen Realität.
Diese Dynamik ist unbewußt. Sie wird wahrscheinlich viel öfter nicht aufgeklärt als wirksam gedeutet.

Die Wahrheit der Hysterie

Was Anna O. heilte, war nicht das, was ihr der psychoanalytische Pionier an Einsichten vermittelte, sondern es war die Veränderung ihrer Lebenssituation: Sie war zu alt geworden, um noch heiraten zu müssen. Der Schauspieler wird nichts davon wissen wollen, daß sein Talent enge Grenzen hat; lieber konsultiert er Krankengymnastinnen und Verhaltenstherapeuten, die er fallen läßt, wenn sie ihn nicht symptomfrei machen können. Er meint damit: ihn von der Gehstörung befreien, nicht von dem in ihr verschlüsselten Bedürfnis, überoptimal zu sein.

Die Situation des Alkoholikers und der Co-Alkoholikerin spiegelt sozusagen die klassische »Behandlung« der hysterischen Frau durch ihren Arzt oder Ehemann. Beide sind sich, falls nicht ohnehin ein und dieselbe Person, darüber einig, daß die männliche Vernunft die weiblichen Widersprüche zähmen muß, wie es das Textbuch der »Zauberflöte« gebietet. (»Ein Mann muß eure Schritte leiten / Denn sonst pflegt jedes Weib / aus seinem Wirkungskreis zu schreiten«, d. h. sich loszureißen und am falschen Ort zur falschen Zeit zu erscheinen, wie die Königin der Nacht im Reich Sarastros.) In der Ehe der Co-Alkoholikerin hingegen sind die Probleme in der Unbeherrschtheit und Unberechenbarkeit des Mannes zu suchen, der seine Frau braucht, um nicht ganz zu scheitern.

Die Hysterie entsteht immer an Reibungsflächen und in Grenzgebieten, in denen sich widersprüchliche Bedürfnisse (aus denen Freud ganze »Instanzen«, Es und Über-Ich formte) nicht vereinigen lassen: Der Wunsch nach Autonomie und der nach Liebe, die Sehnsucht nach Anerkennung und die nach Selbstverwirklichung, letztlich die Hoffnung, Kind bleiben und doch die Privilegien der Erwachsenen teilen zu können.

Ein sehr erfolgreicher Manager beklagte immer wieder, wie sehr er leide, weil er sich so schlecht durchsetzen könne. Er sei immer viel zu konziliant, lasse sich auf Kompromisse ein und könne nachher sich selbst nicht mehr ausstehen, weil er sich wieder so klein gemacht und so angepaßt habe. Genauere Betrachtung der von ihm als Ursprung seiner Probleme geschilderten Szenen zeigt deutlich, wie er versucht, durch Verständnis, Einfühlung und gelegentlich Nachgiebigkeit seine Verhandlungspartner auf seine Seite zu ziehen. Seine Erfolge sind beträchtlich, aber er kann sie nicht anerkennen, sondern glaubt, er würde noch viel mehr erreichen, wenn er härter und entschiedener auftrete. Er nehme sich das immer nachträglich vor, lasse sich in den konkreten Situationen jedoch wieder geradeso über den Tisch ziehen wie das letzte Mal.

Er will beides, den Beweis seiner Härte und den Beweis seiner Liebenswürdigkeit, und er kann, indem er sich für die Liebenswürdigkeit entscheidet, die Phantasie nicht loslassen, durch Aggression mehr zu erreichen – ebensowenig kann er aber auf sein Werben um Sympathie verzichten. Er muß also jedesmal mit einem Gefühl des Scheiterns nach Hause gehen, kann aber seine Größenphantasie kultivieren, daß er geradesogut hart und aggressiv sein könnte wie liebenswürdig und verhandlungsbereit. Er kann die Phantasie festhalten,

Die Wahrheit der Hysterie

daß er mit zweiundfünfzig Jahren noch alle Optionen offen hat und sich vielleicht schon morgen aus seiner lästigen Verpuppung befreien wird. Dann hat er alles, er kann sich aggressiv durchsetzen und wird damit sogar mehr Sympathie gewinnen, als es ihm gegenwärtig möglich ist.

In einem 1998 erschienenen Buch über die »Ökonomie der Aufmerksamkeit« hat Georg Franck behauptet, daß in den postindustriellen Gesellschaften das Gut »Aufmerksamkeit« bedeutender wird als der Verkehr materieller Güter. Wenn wir beispielsweise von der täglich wachsenden Datenflut ausgehen, die via Internet jedem Nutzer zugänglich ist, dann ist das eigentlich knappe (und daher am heißesten umkämpfte) Gut das Interesse, das immer mehr beansprucht und immer weniger angeboten wird. Der sprichwörtliche italienische Stoßseufzer *tutti vogliono chiacchierare, nessuno vuole sentire* (alle wollen reden und keiner will zuhören) kennzeichnet ein soziales Klima, in dem mehr publiziert und weniger gelesen, mehr gezeigt und (proportional) weniger gesehen wird als je zuvor. Die Menge bedruckten Papiers, das täglich ungelesen weggeworfen wird, hat sich in den letzten Jahrzehnten multipliziert.

So verschwindet die Hysterie als klinische Diagnose in einer Zeit, in der die Show zur Überlebenstechnik wird und die histrionische Persönlichkeit zur Galionsfigur der Unterhaltungsindustrie. Eine der Protagonistinnen der Selbstvermarktung in den späten neunziger Jahren, die Sexshow-Moderatorin Verona Feldbusch, hat die Situation klargemacht: »Man versucht dauernd, hinter meine Fassade zu gucken. Aber da ist nichts, ich verstelle mich nicht.«* Dieser Ausspruch bahnt Filmszenarien den Weg, die Peter Weir in seinem Streifen »The Truman Show« andeutet: Hier entdeckt die Hauptperson, daß ihr ganzes Leben ohne ihr Wissen als Reality-Serie verkauft worden ist. Der Held hat ahnungslos in Fernsehkulissen gelebt, seine Freunde sind Schauspieler, seine Eltern haben die Rechte an seinem Bild schon vor seiner Geburt verkauft. Shakespeares Vers von der Welt als Bühne, ein poetischer Versuch, Abstand zu den Tragödien des Lebens herzustellen, wird in einem multimedial vernetzten Kosmos zum Alptraum.

Die anthropologische Dimension

Wenn ein Thema in derart vielfältiger Gestalt das menschliche Denken bewegt wie die Hysterie, liegt die Vermutung nahe, daß es eine existentielle Dimension berührt. Diese erfaßt der Ödipus-Komplex nicht, sondern er symbolisiert sie. Die Hysterie hängt mit Folgen der Evolution zum Menschen zusammen. Spezifisch menschlich ist es, eine für die Nachkommen vitale Struktur – das Paar – durch eine sexuelle Bindung zusammenzuhalten. Damit scheint der für die Hysterie

---

* Zit. n. Christian Schwenkmaier, Süddeutsche Zeitung Nr. 165, 21. 7. 1998, S. 11.

kennzeichnende Widerspruch zwischen Dauer und Beweglichkeit schon in der Entwicklungsgeschichte verankert. Die Konstruktion als solche spricht eher für die moderne Auffassung der Evolution als Zufallsgeschehen, das aus dem Vorhandenen neue Strukturen bastelt. Ob ein allwissender Gott auf den Gedanken käme, eine der Idee nach lebenslang funktionierende Partnerschaft auf Fundamenten launischer Lust zu errichten, ist nicht eben wahrscheinlich. Die Probleme, die ein solches Modell mit sich bringt, sind vorhersehbar.
Einerseits muß der/die Erwachsene erotisch beweglich sein, um die günstigste Wahl zu treffen, den stärksten, schönsten, am meisten für die Zeugung der nächsten Generation geeigneten Partner zu wählen. Dann sollen er/sie mit einem Schlag verläßlich, treu, fest gebunden sein, um die für die Kinder günstige Stabilität zu erreichen. Geht ein Partner des Paares verloren, soll diese Bindung auf einen neuen Partner übertragen werden können. Das alles ist nicht wenig verlangt.
Die Baumeister der Evolution haben diese vielfältigen Aufgaben so zu lösen versucht, daß sie der menschlichen Erotik eine Qualität kindlicher Abhängigkeit eingepflanzt haben und umgekehrt auch Abhängigkeitsverhältnisse latent sexualisierten. Das führte dazu, daß die beim Menschen sehr lange Kindheitsphase sexuell geprägt ist; die psychoanalytische Theorie der Neurosen geht davon aus, daß in der Kindheit immer wieder heftige sexuelle und aggressive Affekte das Ich so bedrohen, daß es nur durch Verdrängungen und Gegenbesetzungen arbeitsfähig bleibt.

Der hysterische Mann

Der Hysteriker ist in einer kindlichen Weise abhängig davon, daß er als absolut erwachsen, attraktiv, stark anerkannt wird. Er wünscht sich, unantastbar zu sein; in der Tat ist er so kränkbar, daß er von der Verleugnung (»alles kein Problem«) gleich in die Katastrophe kippt (»ich kann mich ja immer noch umbringen«). An dieser Stelle wird auch die Nähe von Hypochondrie und Hysterie faßbar. Der Hypochonder hat ebenfalls keine kleinen Gesundheitsprobleme. Er ist entweder vollkommen gesund oder lebensgefährlich krank; mit einem harmlosen Leiden zu leben und sich in das Unausweichliche zu fügen, fällt ihm äußerst schwer.

Die Hysterie ist sozusagen der Wächter an einer evolutionär bedingten Soll-Bruchstelle, ein Cerberus an dem Riß zwischen Ober- und Unterwelt. Der Wächter schützt, indem er früh und nachdrücklich Alarm schlägt, diese Naht davor, aufzuplatzen.

Die menschliche Paarbindung ist der soziale Ort, an dem Männer und Frauen wesentliche, für die meisten von uns unverzichtbare Bestätigungen und Befriedigungen erleben. Die hysterischen Sicherungen, die sich mit Begriffen wie »das Überoptimale« oder »das Phallische« beschreiben lassen, hängen damit zusammen, eine erlebte Schwäche in solchen Beziehungen zu kompensieren und das Ich vor einer vernichtenden Strenge zu schützen, die es zu strafen droht, wenn die Paarbeziehung nicht in der angestrebten Weise funktioniert. Oft verbergen sich solche Bindungen an das Überoptimale hinter Angstsymptomen. Durch sie versuchen die

Betroffenen den drohenden Verlust der phallischen Stabilisierung auszugleichen.

Beispiele: Eine fünfzigjährige Frau erkrankt in ihrer zweiten Ehe an einer Herzneurose, sobald sie erkennen muß, daß ihr bisher sehr idealisierter Mann heimlich trinkt. Ein Vierzigjähriger erkrankt an Panikattacken, weil seine Frau das dritte Kind abtreiben ließ, da sie wieder in den Beruf zurückkehren will.

Nun ist die menschliche Paarbindung von ihren evolutionären Anfängen an immer intensiv sozial geregelt worden. Menschliche Paare sind keine autonomen Einheiten, sondern eher ein Merkmal von größeren Gruppen, die vermutlich auf der frühesten Stufe durch den Tausch von Frauen gutnachbarliche Beziehungen gestiftet haben.* Das heißt, daß ein wesentlicher Teil der Männer- und Frauenrolle daran hängt, von der Gruppe als »guter Mann« bzw. »gute Frau« anerkannt zu werden. Die hysterischen Konflikte treten in der Regel dann auf, wenn der Gruppenbezug und der Partnerbezug einander widersprechen.

Beispiel: Wir können uns vorstellen, daß die Frau des Alkoholikers sagt: »Ein anständiger Mann trinkt nicht so viel. Wenn du abends immer betrunken bist, kann ich das nicht aushalten, ich laß mich scheiden.« Er setzt dagegen: »Eine anständige Frau steht zu ihrem Mann. Ich trinke, aber ich gehe jeden Morgen zu Arbeit, ich

---

* Das ist die These von Claude Lévi-Strauss, Les formes elementaires de la parenté. Paris 1947; vgl. a. N. Bischof, Das Rätsel Ödipus. München 1989.

bin kein Alkoholiker, und ich habe dich noch nie geschlagen. Andere Frauen wären froh um einen Mann wie mich.«

Es geht in dieser Auseinandersetzung also immer noch um eine verborgene Gruppennorm, die jetzt als Kampfmittel gegen den Partner eingesetzt wird, in vielen anderen Fällen aber auch die Beziehung narzißtisch stabilisiert.

Beispiel: Sie: »Hast du gemerkt, wie betrunken Karl gegen Ende des Abendessens war? Karin hat mir erzählt, daß es oft noch viel schlimmer ist. Sie tut mir so leid, ich weiß auch nicht, wie sie es bei Karl aushält. Ach, ich bin so froh darum, daß du so gut maßhalten kannst!« Er, geschmeichelt: »Aber Karin läßt sich auch viel zuviel gefallen. Kein Wunder, sie hat ihr Studium abgebrochen und Karl wird einmal das Geschäft seiner Eltern erben. Wenn sie so selbständig wäre wie du, wäre es nicht soweit gekommen!«

Die erwachsene Identität wird also einerseits durch die sexuelle Bindung, anderseits durch die Idealisierung des Paares stabilisiert. Wenn beides in der Realität nicht ausreicht, müssen hysterische Mechanismen hinzugezogen werden, um den Mangel zu kompensieren. Sie sind immer Amalgame aus narzißtischem Anspruch und sexueller Sehnsucht.

Beides ist im »Normalfall« der befriedigenden Liebesbeziehung kongruent und letztlich kaum voneinander zu unterscheiden. Die männlichen oder weiblichen Werte, die wir hochschätzen, enthalten immer eine erotische Komponente – und wie sehr schätzen Menschen in aller Regel die sexuelle Befriedigung! Der Mann oder die Frau, die ihren Partner versorgen, beschützen, sexuell befriedigen, sind im Normalfall auch bewundert und geachtet.

In der Hysterie ist dieses Amalgam zerfallen. Die reale Befriedigung hat keinen Glanz; die schweifende Sehnsucht führt zu keiner oder doch nur zu einer flüchtigen Befriedigung. Emma Bovary liebt und begehrt nicht den Mann, der sie versorgt; sie sehnt sich nach einem unendlich anziehenderen. Don Juan bindet sich nicht an die Frau, die ihn befriedigt hat – im Gegenteil, er verläßt sie für die nächste, die seine phallische Phantasie reizt, alle Frauen der Welt zu besitzen.

Überoptimale Männer

>»Ich bin ein Mann, mit diesem Wort
>Begegn ich ihr alleine
>Jag ich des Kaisers Tochter fort
>So lumpig ich erscheine.«*

Heute ist »hysterisch« ein Wort der Umgangsprache geworden. Es wird wohl immer noch auf Frauen öfter angewandt als auf Männer - »sei doch nicht hysterisch!« - »Da ist sie hysterisch geworden.« Männer drehen durch, verlieren die Kontrolle; Frauen (und Kinder) werden hysterisch. Der Bedeutungsunterschied scheint oft der zu sein, daß in »hysterisch werden« mehr an mitmenschlicher Beziehung und Bezogenheit faßbar wird. Eine Frau appelliert an andere, sie schreit um Hilfe, kämpft um Aufmerksamkeit; der Mann hingegen schlägt zu - in den primitiveren Varianten mit der Faust, in den kultivierteren eine Tür. Er zieht sich zurück, schnappt ein.
Die Unfähigkeit, Gefühle (und vor allem Erotik und Sexualität) in Beziehungen einzubetten, sie weder über- noch unterzuschätzen, ist ein wesentliches Symptom

---

* Friedrich Schiller, »Männerwürde«. Zit. n. Sämmtliche Werke in einem Bande. Leipzig o. J., S. 12.

der Hysterie. Frauen sehen in der männlichen Hysterie häufig eher eine Form von unerklärlichem Rückzug, Uneinsichtigkeit, Gewalt, Mißbrauch und Bedrohung. Sie fühlen sich schuldig, ohne genau zu wissen warum. Es fällt ihnen nicht leicht zu erkennen, wie ausgeprägt die Hilflosigkeit der hysterischen Männer im Umgang mit ihrer Emotionalität ist.

*Ein Beispiel aus einer Supervision**

Der vierzigjährige, gutaussehende Mann, Vater von zwei Kindern im Schulalter, klagt über Angst- und Versagensgefühle. Er ist nicht mehr befördert worden und fürchtet jetzt, (wobei er gleichzeitig seine Befürchtungen als irrational abtut), bald auch noch die Position zu verlieren, die er bereits hat. In der Therapie ergibt sich bald, daß seine Symptome auftraten, nachdem sich seine Frau entschlossen hatte, in ihren Beruf zurückzukehren. Die Ehe beschreibt der Patient als spannungsgeladen; seine Frau schicke ihn oft aus dem gemeinsamen Schlafzimmer, um ihre Ruhe zu haben. Er verstehe selbst nicht, was ihn derart in Panik versetze, wenn seine Frau arbeiten gehe. Er sei allerdings dagegen, er verdiene genug, um die Familie zu erhalten.

---

* Supervision ist ein wesentlicher Teil der Ausbildung in Helfer-Berufen: Es geht dabei darum, Spannungssituationen zu klären, die in der praktischen Anwendung der psychologischen oder sozialpädagogischen Konzepte entstehen.

Gegenstand der Supervision ist ein Verhalten, das die Therapeutin verwirrt und in Selbstzweifel stürzt. Der Patient sagt etwa unvermittelt: »Ich denke jetzt an große Brüste. Ihre Brüste. Vielleicht will ich mit Ihnen schlafen.« Dann verstummt er. Wenn die Therapeutin nach einer Weile fragt, was dieser Einfall an dieser Stelle bedeuten könne und ob er noch weiteres Material dazu beitragen wolle, sagt er abweisend: »Jetzt setzen Sie mich unter Druck!« Oder er weicht in Rechtfertigungen aus: »Es war nur so ein vorübergehender Impuls. Ich muß doch sagen, was mir einfällt.«

Der Patient trifft eine verwundbare Stelle der Analytikerin, die mit ihrer Figur unzufrieden ist und gegen ihr Übergewicht ankämpft. Daher entsteht eine Situation, in der er sie durch Einfälle wie »ich denke jetzt an fette Frauen« regelrecht mattsetzen kann. Sie fürchtet, wenn sie die Äußerungen konsequent analysiert, von dem Patienten beschämt zu werden (»Sie wollen also unbedingt, daß ich mich mit Ihren Brüsten beschäftige«). Diese Reaktion ist nicht untypisch: Angesichts der männlichen Hysterie fühlen sich Frauen oft schuldig, während sich die Männer angesichts der weiblichen Hysterie eher überlegen und kompetent fühlen.

Die Tradition der Hysterie ist von männlichen Phantasien bestimmt. Die »Mutter«, das weibliche Organ, wird bedrohlich, wenn sie nicht durch das vom Mann gezeugte Kind an ihrem Platz gehalten wird. Sie wandert im Körper umher, löst hier eine Lähmung, dort einen Anfall oder Erblindung aus, die plötzlich wieder verschwinden können, wenn sich der unerwünschte Gast einen anderen Platz gesucht hat. Der Uterus gleicht dem Satan der biblischen Metapher, der umhergeht wie ein brüllender Löwe und sucht, wen er verschlingen kann.

Auf diese Mythologie reagiert auch noch das von Freud beifällig erwähnte Rezept Chrobaks gegen die Hysterie: *Penis normalis dosim. Repetetur.* Zu deutsch: Ein normaler Penis, wiederholt gegeben. Er verankert das gefährlich-freie Organ wieder an seinem Platz. Dieses phallische Protzen wird auch in den Vorstößen des oben beschriebenen Mannes gegen seine Analytikerin deutlich. Befragt, konfrontiert, zieht er sich schnell zurück.

Die »gute« Mutter der nicht-hysterischen Frau ist in dem männlichen Ur-Mythos über die Hysterie gefesselt. Bänder halten sie fest und hindern sie, das verschlingende Ungeheuer zu werden. Es gibt eine Szene in der nordischen Mythologie, welche diese Thematik veranschaulicht: Die Götter haben den Fenriswolf gefangen. Er wächst so rasch und ist so unbändig, daß sie beschließen, ihn zu fesseln. Er zerbricht die stärksten Ketten. Schließlich erhalten die Zwerge den Auftrag, eine unzerreißbare Fessel herzustellen. Sie bringen ein einfaches Band, das durch Zauberkraft stärker wird, je mehr Anstrengungen das Opfer unternimmt, sich zu befreien. Der Wolf wird mißtrauisch und traut den Göttern nicht, die behaupten, sie wollten ihm Gelegenheit geben, seine Stärke zu beweisen. Einer der Götter soll seine Hand in seinen Rachen legen zum Pfand. Seit dieser Zeit ist der Fenriswolf gefesselt und der Kriegsgott Ziu einhändig.

Im Alltag wird »hysterisch« vor allem als abschätziger Ausdruck gegenüber »übertriebenen«, appellativen Gefühlen verwendet. In solchem Umgang mit dem Wort sind Kinder grundsätzlich hysterischer als Erwachsene, Mädchen ausgeprägter als Jungen, Politiker dann, wenn ihre Argumente abgewertet werden müssen (»Umwelthysterie«, »Hysterie der Atomkraftgegner«). Sprechen wir also nicht mehr von Hysterie?
Wir sollten uns nicht über die Möglichkeiten täuschen, durch unsere vernünftige Abstinenz zwar die eigene argumentative Tugend zu bewahren, aber am Mißbrauch des Wortes nichts zu ändern. Ich verfolge hier eine andere Strategie: Ich will den Begriff der Hysterie wieder füllen, ihn ernst nehmen, ihn auf die Menschen zurückführen, die ihn erfinden und verwenden – vielleicht nicht einmal laut sagen, aber leise denken und dann danach handeln, mit prächtigen Gründen, hinter denen nur ein scharfes Auge die versteckte Herabwürdigung erkennt.
Es wirkt verworren, vom losgerissenen Uterus zum Fenriswolf zu kommen. Aber dahinter steckt ein Zusammenhang. Er kann in einer unendlich oft wiederholten Szene trivialer Filme des Abenteuer- und Horror-Genres aufgefunden werden. Hier hat sich der Fenriswolf wieder losgerissen. Als Verbrecher, Außerirdischer, wildes Tier bedroht er die Heldin. Sie schreit, schrill, hysterisch. Sie hört einfach nicht auf damit und scheint nicht in der Lage, etwas darüber hinaus Zweck-

gerichtetes gegen das drohende Unheil zu unternehmen. Ihr Schrei ruft den Mann auf den Plan. Dieser bleibt ruhig, beurteilt schnell, was zu tun ist, tut das Richtige, Gewalt am rechten Ort in der richtigen Dosierung. Alsbald ist der Fenriswolf wieder in Ketten, das Ungeheuer an seinem Platz, die Frau stumm oder leise Dankesworte flüsternd in starken Armen.

Wenn wir die Augen etwas zukneifen, so daß die Einzelheiten verschwinden und das Typische hervortritt, erkennen wir in dieser Rettung der Frau durch den Helden eine andere Szene. Auch hier schreit die Frau. Sie hört einfach nicht auf damit, denn sie wird von wütenden Kontraktionen des Tiers in ihr gepeinigt, das aufbricht (»Eröffnungsphase«) und ausstößt (»Austreibungsphase«). Es kann sein, daß irgendwann, kühl und zweckgerichtet handelnd, der Arzt an ihr Lager tritt und mit einem Dammschnitt oder einem Zangengriff das Geschehen in seinen Griff nimmt. Aber im natürlicheren Fall endet das Schreien nach einem letzten Tremolo, und jetzt erkennt der Zuschauer erschüttert, daß dieses Schreien ein anderes verdeckt hat, das des Neugeborenen. Könnte es also sein, daß der Mann so heldenhaft und retterisch auftreten muß, um vergessen zu machen, daß er selbst einst abhängig und schwach war? Daß er in einem mütterlichen Körper gewachsen ist, diesen verlassen hat und in seinen frühen Jahren auf Gedeih und Verderb auf die Mutter angewiesen war?

Schöpfen wir weiter aus dem Fundus der Trivialität, dann entsteht noch eine Szene vor unserem Auge: der Mann, von einem inneren Schmerz, einer Kolik, einem

Schnupfen geplagt, schleppt sich laut klagend vom Bett in die Küche, um mit seiner Lebensgefährtin, die sich durch ihren nach vernünftigen Kriterien ebenso lästigen Periodenschmerz nicht von ihrer Arbeit abhalten läßt, die sofortige Konsultation eines Notarztes zu diskutieren oder aber ihre Besorgnis auf sich zu lenken, weil er, obwohl von Ahnungen, ja Gewißheiten über Herzinfarkt oder Krebs geplagt, ärztliche Hilfe mannhaft abweist.
Solche Szenen lassen sich für Untersuchungen über semantische Unterschiede in den Welten von Frauen und Männern verwerten.* Im Zusammenhang mit dem Hysteriebegriff weisen sie darauf hin, daß sich Männer angesichts innerer Gefahren ähnlich hysterisch verhalten, wie Frauen angesichts äußerer. Aber beide Bilder spiegeln keine Realität, sondern Klischees, die noch unklare Funktionen für gesellschaftliche bzw. individuelle Interessen haben.
Der Mann als Retter der hysterisch kreischenden Frau – das hysterisch kreischende Kind im Arm der schützenden Mutter: Beide Situationen lassen sich auseinander ableiten. Das männliche Bedürfnis, sich als progressiver Retter der regressiv entgleisten Frau aufzuspielen, spiegelt die weibliche Übermacht der schützenden Mutter gegenüber dem vollständig von ihr abhängigen Baby. »Baby« nennt der Mann eine Frau, von

---

* Ich habe das an anderer Stelle versucht: W. Schmidbauer, »Du verstehst mich nicht!« Die Semantik der Geschlechter. Reinbek 1991, 1993.

der er sich insgeheim die Erfüllung seiner kindlichen Wünsche erhofft. Wir werden noch untersuchen, wieviel an männlichem Helfer- und Heldentum diesen Mustern folgt.

Die Operation an der Mutter

Ein Chirurg, der wegen seiner Depressionen in Therapie kam, berichtet folgenden Traum:
»Ich soll an einer Frau einen Eingriff vornehmen, eine Schilddrüsenoperation. Es ist sehr schwierig, sie ist klein wie ein Kind, ich habe gar keinen Platz, finde mich nicht zurecht und werde auch noch durch zwei strahlendblaue Steine behindert, die auf dem Operationsgebiet liegen. Ich weiß, daß ich sie nicht verschieben darf, obwohl es so unmöglich ist, richtig zu präparieren. Schließlich rufe ich den Oberarzt und bin erleichtert, als er meine Stelle am Tisch einnimmt und ich die Situation los bin.«
Am Vortag hatte der Patient eine Auseinandersetzung mit seiner Frau, die ein Wochenende benützt hatte, ihn über eine außereheliche Beziehung zur Rede zu stellen und von ihm zu verlangen, er solle endlich reinen Tisch machen und sich entscheiden. Der Patient hatte diese Auseinandersetzung widerwillig aufgenommen, sich ausschimpfen lassen und dann zurückgezogen. Erst am nächsten Tag konnte er sich etwas wehren und seiner Frau erklären, er werde weder seine Geliebte aufgeben noch sie. Er empfand sich selbst in dieser

Auseinandersetzung streckenweise wie gelähmt, fühlte sich außerstande, seiner Frau zu erklären, daß er eigentlich gar nichts ändern und entscheiden wollte.

In seinen Einfällen zu dem Traum beschäftigte sich der Chirurg zunächst mit dem Eingriff. Schilddrüsenoperationen habe er nie leiden können und immer, wenn es möglich war, einem anderen zugeschoben. Er verstehe nicht, warum er die Schmucksteine, die wie blaue Bergkristalle oder Saphire ausgesehen hätten, nicht weggenommen hätte. Als er die Operation abgeben konnte, sei er nur erleichtert gewesen, nicht gekränkt. Der Oberarzt, der ihm beigesprungen sei, hätte das auch in der Realität während seiner Lehrzeit öfters getan, er sei, obwohl ein schlechter Pädagoge, in vielem sein Vorbild gewesen. Dieser Oberarzt nahm den angehenden Chirurgen die Arbeit aus der Hand und legte es dann eher darauf an, für seine Geschicklichkeit bewundert zu werden, als dem Anfänger sein Vorgehen zu erklären.

Der Patient ist nach dem Krieg vaterlos aufgewachsen und hat sich immer sehr bemüht, in vorauseilendem Gehorsam seine Mutter über den Verlust des Vaters und der Heimat (sie waren Vertriebene) zu trösten. Die Sehnsucht nach dem »Vater«, der ihn bei seiner schwierigen Operation entlastet, richtet sich einerseits auf den fehlenden realen Vater, anderseits auf den Analytiker, der ebenfalls nur indirekte Hilfe bietet und zögert, den Patienten direkt in seinen Auseinandersetzungen mit der Ehefrau zu unterstützen. (Der Chirurg hatte bereits versucht, seine Frau und seinen Analytiker zu

bewegen, doch Kontakt miteinander aufzunehmen, mit der Begründung, die Frau müsse in eine psychotherapeutische Behandlung.)
In einer der nächsten Sitzungen berichtete der Patient, er sei nach einer Woche Schiurlaub, die er sehr genossen habe, bereits am zweiten Arbeitstag mit Magenschmerzen und einer lustlosen Stimmung aufgewacht. Er schlafe wieder schlecht, während er in Davos ausgezeichnet geschlafen habe. Gestern sei er abends zu nichts mehr in der Lage gewesen, als noch einige Gläser Wein zu trinken und zu Bett zu gehen. In Davos hätte er mit den anderen - er war mit vier alten Bekannten dort - immer noch etwas unternommen und sich trotz der Anstrengungen auch abends fit gefühlt.
»Ich bin ein ausgezeichneter Schifahrer, der beste in der Gruppe. Ich habe mir angewöhnt, immer lange vor den anderen aufzustehen und drei Stunden allein zu fahren, die schwierigen Abfahrten, und wirklich an die Grenze zu gehen, das ist für mich der schönste Sport, viel schöner, als ich das von Tennis oder Golf sagen kann, die mir doch auch sehr viel bedeuten. Es ist wohl die schöne Landschaft, der Schnee, den ich sehr liebe, die Verbindung von Risiko und Geschwindigkeit, das Gefühl, alles unter Kontrolle zu haben. Wenn dann allmählich die anderen eintrudeln, die es gemütlich angehen lassen, macht es mir auch Spaß, mit denen zu fahren, was mich sonst langweilen würde.«
Die Rauschgefühle bei schneller Bewegung werden manchmal mit der Sehnsucht nach einer Rückkehr in

den Mutterleib verknüpft, die der Sportler in der Verschmelzung mit der Landschaft symbolisch vollzieht. Die Gefühlsqualitäten und die Folgen von Einfällen während analytischer Sitzungen weisen darauf hin, daß die Beziehung zur Bewegung im Raum Surrogatfunktionen hat. Je nach Perspektive erhöht, transformiert oder kompensiert sie problematische Beziehungen zu Frauen bzw. zur Mutter. Symbolisch gesehen, wird der ganze Körper zum Phallus, die Landschaft zur »Mutter Natur«, die Bewegung zum kontrollierten, autonomen Orgasmus.

»An einem Abend hat meine Frau wieder angefangen, über unsere Zukunft zu reden, wie ich mir das mit meiner Geliebten vorstelle. Ich habe richtig gemerkt, wie ich mich nicht wehren konnte, ich war todmüde, ich wurde immer kleiner, ich habe mich schließlich weggedreht und habe versucht einzuschlafen, und das ist mir endlich auch gelungen.«

»Almut (die Geliebte) war natürlich auch sauer, daß ich mit meiner Frau weggefahren bin. Das hat mich zusätzlich deprimiert. Ich sehe meine Probleme vor allem darin, daß ich es nicht geschafft habe, mir die richtige Frau zu suchen. Ich habe mich einfach nicht getraut. Ich hatte Angst, nicht potent zu sein, und habe deshalb immer die Frauen wählen lassen. Am nächsten Tag habe ich eine junge Frau gesehen. Die fuhr sehr gut Schi. Ihr Freund, der dabei war, war längst nicht so gut. Da habe ich gedacht, das wäre das Schönste, aber ich bin nicht gut genug für sie. Sie haben schon recht, wenn Sie sagen, daß meine depressiven Zustände am

Abend nach der Arbeit damit zusammenhängen, daß ich mich nicht darauf freue, mit meiner Frau zusammen zu sein, und daß ich mir überhaupt keine Erholung vorstellen kann ohne Sport, ohne Aktivität.«
»Mit einem Strandurlaub könnte man Sie jagen?«
»Sie nicht? Das habe ich noch nie gemacht, das machen meine Frau und die Kinder allein. Wenn ich doch dabei bin, nehme ich mir immer so viele Fachbücher mit, daß es richtig Arbeit wird.« (...) »Das ganze mag schon mit meiner Mutter zusammenhängen. Ich habe nicht in Erinnerung, daß sie viel Druck gemacht oder mich geschlagen hat, aber es war ganz klar, daß wir immer sehr gut sein mußten. Meine früheste Erinnerung ist, daß ich in der Küche sitze und auf der Schiefertafel etwas abschreiben muß, weil ich einen Fehler gemacht habe. Ich schreibe es immer wieder ab, und immer wieder ist ein Fehler drin, und ich weiß ganz genau, daß ich es auch diesmal nicht fehlerlos abschreiben kann, aber meine Mutter verlangt das von mir, und so muß ich, obwohl ich mich schon gar nicht mehr konzentrieren kann, es immer wieder auslöschen und abschreiben und auslöschen. Mein sechs Jahre älterer Bruder sitzt dabei und macht sich darüber lustig, daß ich zu blöd bin, eine halbe Seite fehlerfrei abzuschreiben.«
Hier wird deutlich, wie stark der Patient seine aktiven Kompetenzen einsetzt, um das Defizit an passiven Kompetenzen, an Umgang mit Abhängigkeit und emotionaler Nähe, auszugleichen. Er würde einen Schifahrer lächerlich finden, der behauptet, er könne wohl Freude am Gleiten finden, wenn er endlich den richti-

gen Abhang träfe; dieser hier sei aber leider zu steil, zu flach, zu sehr aufgefirnt. In bezug auf Frauen liegt ihm diese Projektion seiner Ängste nahe. Frauen werden für ihn bei kleinen Anlässen unberechenbar, hysterisch. Auch er selbst kann seine Gefühle nicht voraussehen und einschätzen. Die Frau, die ihn heute extrem anzieht, hat ihre Attraktion vielleicht in der nächsten Woche vollständig verloren. Frauen sind unerreichbar oder bösartig und fordernd. Sie wollen einen Mann klein machen, zwingen ihn zu unerfüllbaren Potenzbeweisen oder sind selbst klein, schwach, umständlich, bringen nichts auf die Reihe. Man kann nichts gegen sie machen, und alle Schwierigkeiten liegen daran, daß man die richtige eben nicht gefunden hat.

Frauen sind in diesem Bild kastrierend, sie machen Männer klein, verlangen ihnen durch ihr unersättliches Bedürfnis nach Aufmerksamkeit und Bestätigung sinnlose Aufgaben ab und sind dennoch nie zufrieden. Frauen schreien, toben, machen Vorwürfe, sind unberechenbar, halten sich nicht an ihre Versprechen.

Wenn beruflich erfolgreiche, in ihren Familien unglückliche Männer solche Frauenbilder malen, wird dem Beobachter nach einiger Zeit deutlich, wie sehr sie in das unwürdige Verhalten ihrer Partnerinnen verstrickt sind. Diese entwerten und kritisieren ihre tüchtigen Männer angeblich »ohne jeden Grund«, allein wegen ihrer »Unberechenbarkeit«, kurz ihrer »Hysterie«. Das weibliche Prinzip hat sich losgerissen und bedroht den vernünftigen, am Erhalt der Familie objektiv interessierten Mann von allen Seiten, hängt bald als

Gewitterwolke über ihm, erschüttert ihn dann wieder als Erdbeben von unten. Er kann nichts machen, sich nicht wehren, sich nicht trennen, sich nicht durchsetzen. Das würde sein Geschäft ruinieren, die Kinder vernichten, die Partnerin in den Selbstmord treiben. Nein, er muß standhaft bleiben, geduldig leiden und abwarten, bis sich die tobenden Naturgewalten beruhigt haben. Das einzige, was er allenfalls tun kann, ist die heimliche Eroberung einer liebevollen, verständigen Zweitfrau, die ihm teilnahmsvoll übers Haar streicht, wenn er, nüchtern und sachlich, wie es seine Art ist, die neuesten Frontmeldungen aus dem Ehekrieg an sie weitergibt.

Der Penisneid

Freud hat, als er vom Penisneid sprach, Napoleons Spruch von der Geographie, die das Schicksal ist, abgewandelt. Die Anatomie sei das Schicksal, versichert er uns. Daß er einen derart martialischen Gewährsmann wählte, drückt aus, wie sehr es ihn immer drängte, in diesem Grenzgebiet seine Männlichkeit zu behaupten.*

---

* Mit dem Argument, er sei zu sehr der Vater, begründet Freud beispielsweise sein Unverständnis gegenüber der mütterlich-nachgiebigen »aktiven Analyse«, mit der Sandor Ferenczi experimentiert und in der sich ein Analytiker auch zärtlich den AnalysandInnen zuwendet. Wer Freuds Freundesbriefe liest, findet darin viel mehr von einer besorgten Mutter als von einem strengen Vater.

Freud glaubt an einen Primat des Phallischen* und unterstellt auch dem kleinen Mädchen diese Tendenz. Doch ist das Phallische bereits eine Kompensation, der Versuch, einen phantasierten Mangel an Produktivität und Potenz wettzumachen. Das kleine Mädchen kann sich viel eher vorstellen, einmal ein Kind zu tragen, es kann diese Szene mit seinen Puppen spielen und fühlt sich der Mutter nahe, die doch die Welt der frühen Kindheit bestimmt. Der kleine Junge hingegen muß seine Scham und seine Angst überwinden, daß er der allmächtigen Mutter nicht genügt, daß er ihr nicht wie ein Mann entgegentreten kann. Mit dem Eintritt in die ödipale Phase zwischen drei und fünf Jahren können Kinder in vielem mit Erwachsenen wetteifern – im Fragen, im Antworten, im Lügen, im Klettern und Springen, im Essen. Die Sexualität bleibt das Rätsel der Sphinx. In dieser Situation müssen kleine Männer mehr kompensieren als kleine Frauen.

Ein wenig überspitzt könnten wir also sagen, daß Freud dem kleinen Mädchen eine hilflose Kopie der

---

* Phallos ist das griechische Wort für das männliche Glied; unter der phallischen Phase verstand Freud eine Zeit der kindlichen Entwicklung im Alter zwischen zwei und fünf Jahren, in der seiner Ansicht nach Mädchen und Jungen glauben, daß es nur ein Sexualorgan (den Penis) gibt, den die Jungen haben, aber verlieren können (Kastrationsangst), während ihn die Mädchen nicht (mehr?) haben und die Jungen um ihn beneiden (Penisneid). Als Erlebnisse gibt es Kastrationsangst und Penisneid zweifellos. Ob es sich um gesetzmäßig auftretende Entwicklungsschritte handelt, ist zu bezweifeln. Durch Beobachtungen widerlegt ist vor allem Freuds Annahme, daß kleine Mädchen nichts von ihren inneren Sexualorganen wissen.

phallischen Phase des Knaben gerade deshalb zuschreibt, weil er nichts davon wissen will, daß eben diese phallische Phase des kleinen Jungen ein hilfloser Protest gegen seine Schamgefühle gegenüber der weiblichen Übermacht in seinen frühesten Lebensperiode ist.

Eine Männlichkeit, die den Phallus nicht als Abwehrzauber gegen die bedrohliche weiblich-mütterliche Übermacht braucht, hat Freud nicht konzipiert. Ich will noch ein Beispiel erwähnen, das zeigt, wie tief diese phallische Konzeption in unserer Tradition verwurzelt ist. Ein vielzitierter und illustrierter Spruch aus dem alten Rom lautet: »Post coitum est omne animal triste«, nach dem Koitus ist jedes Lebewesen traurig. Dieser Spruch gilt nur im Rahmen einer phallischen Auffassung der Sexualität; hier wird der Mann, sobald er seinen Abwehrzauber gegen die weibliche Übermacht verliert, von einer Verstimmung befallen, die ihn oft dazu führt, die Partnerin zu entwerten und sich von ihr zu distanzieren. Aber diese Reaktion ist nicht so normal, wie es das »omne animal« - jedes Tier - behauptet. Sie gehört in den Bereich der männlichen Hysterie, und ihr extremer Vertreter ist Don Juan, der jede Frau nach dem Koitus verläßt, weil sie für ihn wertlos geworden ist.

Viel spricht dafür, daß in den scheinbaren Befreiungen der Sexualität, die wir hier in Europa seit den sechziger Jahren erlebt haben, ein starkes phallisches Element steckt. Das Plakative, der Erfolg, der Orgasmus, das vorzeigbare Ding sind Merkmale, die eher für das

Phallische gelten als für eine zärtliche Beziehung. Ich spreche lieber von zärtlicher als von genitaler Beziehung, wenn ich die Qualitäten der Gegenseitigkeit und des Austauschs erfassen will, nicht um die große Rolle zu verleugnen, welche die Genitalität zwischen Erwachsenen spielt, sondern weil mir scheint, daß die genitale Beziehung kein Neuerwerb, sondern die Integration des Phallischen in die primäre Liebe (Balints Formulierung), in das Zärtliche ist.

Die Aussage hysterischer Männer und Frauen, sie wüßten binnen weniger Sekunden, ob es angesichts dieses Mannes/dieser Frau »funkt«, d.h. ob sexuelle Beziehungen vorstellbar sind oder nicht, hat ebenfalls eine phallische Qualität. Hier können Zärtlichkeit und Sexualität nicht integriert werden. Die zärtliche Beziehung ist entsexualisiert, die sexuelle Beziehung kann sich nicht entwickeln, sondern sie ist mit einem Schlag da. Sie entspringt der Situation wie - ein Bild phallischer Keuschheit in der Mythologie - die vollgerüstete Pallas Athene dem Haupt des Zeus. Sexualität ist im Erleben nicht präsent, sondern sie ist in den meisten Situationen »einfach nicht da«, und scheint dort, wo es nicht »funkt«, abscheulich und undenkbar. Das gilt auch für die Phantasie, aus Zärtlichkeit, nicht aus Leidenschaft sexuell zu verkehren. »Dann wollte er/sie *plötzlich* mit mir schlafen«, ist ein typischer Satz in den Schilderungen erotischer Situationen durch hysterische Menschen, der moralisch empört klingt, im Grunde aber meist nur Phantasielosigkeit beweist.

Eine wichtige Wurzel der männlichen Persönlichkeitsdynamik scheint darin zu liegen, daß eine frühe, zentrale und prägende Einsicht des Knaben die ist, daß er noch kein Mann ist; im Unterschied dazu kann sich das Mädchen im Kontakt und in der teilweisen Verschmelzung mit der Mutter leichter als künftige Frau erleben. Wenn Freud vom unterschiedlichen Verlauf des Ödipuskomplexes bei Mädchen und Knaben spricht, greift er einen Aspekt dieser Situation auf, bezieht aber deren früheste Qualitäten nicht ein. Freuds Konstruktion sieht so aus, daß beim Knaben der Untergang des Ödipuskomplexes unter dem Eindruck der Kastrationsdrohung durch den Vater erfolgt, verstärkt durch die Wahrnehmung der penislosen Frau, die nach der kindlichen Phantasie das Kastrationsschicksal bereits erlitten hat. Beim Mädchen hingegen bleibt der Ödipuskomplex länger bestehen, mit ihm die zärtlichen Bindungen an den Vater und die Rivalität mit der Mutter.

Den hysterischen Männern ist es in der Regel nicht gelungen, sich aus der Bindung an die übermächtige frühe Mutter durch die Identifizierung mit einem Vater zu befreien, der ihnen hilft, Zärtlichkeit und Potenz miteinander zu verknüpfen, indem er ihnen gegenüber beides lebt. Der Vater ist geschwächt, durch Krieg und Gefangenschaft traumatisiert, er wird von der Mutter nicht anerkannt, er hat sich aus der Familie zurückgezogen und läßt die Kinder allein. Um diese Mängel auszugleichen, binden sich die hysterischen Männer an ein heroisches Ideal, das sie nur scheinen, jedoch nicht sein können. Sie werden überoptimal, versuchen sich und anderen ihre Männlichkeit zu beweisen und kämpfen gegen die Versuchung, sich der Mutter völlig zu unterwerfen, durch Entwertung oder Rückzug in ihren Frauenbeziehungen, durch hektische Suche nach neuen Eroberungen und heftige Ängste, in nahen, vertrauensvollen Beziehungen von ihren Partnerinnen erniedrigt zu werden.

Das mythische Bild dieser hysterischen Ängste ist König Gunther im Nibelungenlied: Nachdem der Held Siegfried für Gunther die Walküre Brunhilde bezwungen hat, erkennt diese in der Hochzeitsnacht die Schwäche des Königs, schnürt ihn zu einem Bündel und hängt ihn an einen Haken in der Wand. Der so Beschämte muß wieder die Hilfe seines Freundes suchen, der ihm mit Hilfe seiner Tarnkappe hilft, Brunhilde zu vergewaltigen, die Ehe zu vollziehen und dadurch die magische Macht der Walküre zu brechen. Psychologisch können wir diese Sage als Ausdruck der männlichen Ängste vor der übermächtigen Mutter deuten, in denen das männliche Ich Zuflucht bei einer Phantasie der Unwiderstehlichkeit und Unverwundbarkeit sucht, für die in der Nibelungensage der Drachentöter und durch eine Hornhaut geschützte Siegfried steht.

Die Lust und die Sicherheit

> Ihr, die ihr Triebe
> Des Herzens kennt,
> Sprecht: ist es Liebe,
> Was hier so brennt?*

Der Hysteriker ist schlecht darauf vorbereitet, sich in der Suche nach sexueller Befriedigung an seiner Lust und an den gesellschaftlichen Normen zu orientieren. Das würde ja auf Beziehungen hinauslaufen, die »nur« real-befriedigend sind, die keine Aufwertung, nichts Überoptimales versprechen. Sie würden ein stabiles Selbstgefühl voraussetzen, das nicht den Kick braucht, um dem Elend zu entgehen. Das Selbstgefühl des Hysterikers ist aber deshalb wenig stabil, weil er sich nicht ausreichend, d. h. strukturbildend mit einem Elternteil identifizieren konnte. Dieses Scheitern der frühen Stabilisierung kann beispielsweise damit zusammenhängen, daß die Eltern selbst so bedürftig

---

* Voi, che sapete
Che cosa è l'amor
Donne, mi dite
Se io l'ho nel cuor.
So beginnt die Arie des Cherubino in Mozarts Oper »Die Hochzeit des Figaro«.

waren, daß der Abstand nicht hergestellt werden konnte, durch den eine Verinnerlichung von Vorbildern erst möglich wird.

Die ödipale Situation ist lösbar, wenn die Eltern sowohl bewundert wie kritisiert werden dürfen und wenn klar ist, daß ein Kind auch dann Schutz genießt, wenn es ihnen widerspricht. Freud hat sich in seiner Theorie und auch in seinen Fallgeschichten kaum mit den Persönlichkeiten der Eltern seiner Patientinnen und Patienten befaßt. Die Art, in der vom Entdecker des Ödipuskomplexes die ödipale Situation beschrieben wird, ist extrem unvollständig. Dabei gibt es kaum eine reichere Fundgrube für Einsichten in das Unbewußte, als die Geschichte der Eltern des Kindes und der sozialen Veränderungen, mit denen sie sich auseinandersetzen mußten. Mir scheint diese Linie der Forschung in Psychoanalyse und Psychotherapie erfolgsträchtiger und realitätsnäher als viele der Spekulationen über die präödipale Phantasie.

In der Hysterie orientieren sich die Mann-Frau-Beziehungen nur scheinbar an der Sexualität. Sie ist nicht der Inhalt, sondern nur die Verpackung, und selbst wenn sie überoptimal wirkt, steckt oft wenig mehr »dahinter« als ein kindliches Sicherheitsbedürfnis. Das Selbstgefühl ist nicht stabil genug, um den Verlust an Fassade zuzulassen, der einen genußvollen Vollzug des eigenen erotischen Potentials begleitet. Man muß nur die Bekanntschaftsanzeigen einer der anspruchsvolleren Tages- und Wochenzeitungen lesen, um sich darüber zu wundern, weshalb die dort aufgebauten Fassaden derart wenig umschwärmt sind, daß sie jetzt mangels anderer Gelegenheiten einen Weg beschreiten, der »nicht mehr ungewöhnlich« genannt wird. So ist die Sprache der Hysterie: großspurig und ängstlich zugleich.

Freud ging davon aus, daß die Sexualität ein natürliches Phänomen ist, ein Trieb, der den Menschen ebenso bewegt wie die Tiere, den es nicht zu verdammen, sondern zu zähmen gilt. Die Unvernunft der Hysterie liegt für ihn darin, daß ethische Forderungen übertrieben werden und körperliche Symptome auftreten müssen, um abzuwehren, was doch nur natürlich ist. Daß dabei auch Bedürfnisse wesentlich sind, anerkannt zu werden, etwas zu gelten, sich vielleicht sogar in den Vordergrund zu spielen, hat Freud weniger beachtet. Aber die Beschreibung des hysterischen Charakters als »narzißtisch«, geltungsbedürftig, darauf aus, bestätigt, geliebt, mindestens beachtet zu werden, fügt sich durchaus in Freuds Metapsychologie: Das besonders strenge Über-Ich wird von einem besonders ausgeprägten Ideal-Ich und Ich-Ideal begleitet. Zur Illustration: Das Über-Ich gebietet mir, auf außereheliche Sexualität und Kaufhausdiebstähle zu verzichten; sobald ich mich aber dessen rühme und meine Überlegenheit über untreue Partner und Kleptomanen betone, diene ich meinem Ideal-Ich. Das Ich-Ideal hingegen kann mir das erlauben, schließlich ist es doch eine unschuldige Freude, oder aber mich darüber beschämen, daß ich auf derart pharisäische Mittel, meine Geltung zu heben, nicht verzichten mag.

Kennzeichnend für die hysterische Störung ist die gleichzeitige Über- und Unterschätzung der Sexualität. Immer wieder ist der Hysteriker überrascht, daß es Sexualität im Leben gibt – und immer wieder überrascht er andere dadurch, daß er dort von Sexualität redet oder an sie denkt, wo es diesen nicht angemessen erscheint. Die männliche Zote und die Entrüstung der Frau, daß sie immer wieder von den Männern bedrängt wird, die sie ganz unschuldig und an nichts dergleichen denkend nach Mitternacht noch auf ein Glas Wein in ihre Wohnung eingeladen hat, gehören zusammen. Spiegelbild in der Therapie ist die Gegenübertragungsempfindung, als Therapeut (und ebenso als Therapeutin) pervers, voyeuristisch, sexbesessen usw. zu sein, wenn man den professionellen Auftrag ernst nimmt, die Wahrheit über sexuelle Hintergründe von Symptomen oder Alltagsproblemen herauszufinden.* In beiden Situationen geht es darum, daß die bedrohlichen sexuellen Phantasien nicht im Innen-, sondern im Außenraum lokalisiert werden.

Dabei gibt es trotz der Gleichheit des zugrundeliegenden Prinzips Unterschiede in der Art, mit der hysterische Männer im Gegensatz zu den Frauen diesen Konflikt gestalten. Während die Frauen ihre fürsorgliche, höfliche Position unterstreichen und die erotischen Wünsche des Mannes oder die Nachfrage nach

---

* Dabei sprechen Frauen von Abhängigkeits- und Anerkennungsbedürfnissen, um sexuelle Inhalte abzuwehren, während Männer von Sex reden, um ihre Beziehungsprobleme abzuwehren.

ihren eigenen erotischen Orientierungen als Übergriff, als verletzendes Eindringen interpretieren, gehen Männer selbst zum Angriff über und drücken ihre Angst vor Erotik durch faule Witze oder phallische Rhetorik aus. Wenn ein hysterischer Mann eine Therapeutin durch körperliche Anspielungen oder abrupte sexuelle Äußerungen verunsichert (vgl. S 59 f.), wirkt das auf den ersten Blick »ganz anders« als das Verhalten einer hysterischen Frau, die dem Arzt erklärt, sie wisse genau, was er hören wolle, aber sie sei nicht dazu da, daß er sich an ihrem Sexualleben aufgeile. Beiden Situationen gemeinsam ist, daß Sexualität und Kränkung verlötet sind und eine Aufklärung realer sexueller Erlebnisse erschwert wird, ja unmöglich erscheint.

Die Frau, welche Sexualität »unwichtig« findet, die »überhaupt nicht daran gedacht hat«, paßt zu dem Mann, dem jeder zweite Satz zur Zote gerät und der felsenfest überzeugt ist, sein Phallus sei etwas, was jede Frau ungeheuer beeindrucken werde. Immer geht es um Veräußerlichungsversuche, wobei die Frau ihre sexuelle Aktivität nach außen verlagert, der Mann aber seine Angst vor Verletzlichkeit. Daraus lassen sich spezifische Grundängste ableiten, die Männer und Frauen unterscheiden. Bei den Männern ist die Kastrationsangst schon lange in diesem Sinn beschrieben; bei Frauen dürfte es sich um die Angst vor männlicher Gewalt, spezifischer: um Vergewaltigungsangst handeln.

Während der verläßlichste Schutz der Frau vor ihrer

Grundangst die Kastration* des Mannes ist, läßt sich als der verläßlichste Schutz des Mannes vor seiner Kastrationsangst die Gewalt gegen die Frau bestimmen. Im zivilisierten Alltag geht es in der Regel nicht so drastisch zu; dennoch sollte sich niemand über die schlummernden Gewaltpotentiale in beiden Geschlechtern täuschen. Der Europäer lernt in seinen Partnerkonflikten meist nur Sublimierungen dieser archaischen Kampfmittel kennen. Aber der Sexualtherapeut beobachtet viele Frauen, die darunter leiden, daß sie sich ständig vor männlichen Drohungen fürchten müssen - verlassen zu werden, entwertet zu werden, beschimpft zu werden.** Und er findet ebenso viele Männer, die sich kastriert verhalten in dem Sinn, daß sie keine emotionalen Bedürfnisse oder sexuellen Wünsche verspüren außer dem einen, dominanten, es der Frau recht zu ma-

---

* In der oft hochaggressiven Diskussion um sexuellen Mißbrauch bzw. Männergewalt verraten sich solche Tendenzen. Eigene Kastrationsängste werden häufig auf Kinder projiziert; jüngst verhandelte in München ein Gericht über eine Schlägerei zwischen einem Chirurgen, der einen Fünfjährigen wegen einer Phimose operiert hatte, und dem Vater des Kindes, der den Arzt angezeigt hatte, dieser habe »zuviel weggeschnitten«. Nach Abweisung seiner Anzeige schritt der empörte Vater zur Selbstjustiz und drang in die Praxis des Arztes ein. Vielleicht hat auch der Arzt nicht einfühlend auf die Ängste des Vaters reagiert. Der Vater erlebt am Sohn die eigene Kastrationsangst; der Arzt in dem Vorwurf, ein unfähiger oder bösartiger Helfer zu sein. (Bericht in: Süddeutsche Zeitung, 13. 8. 1998, S. L 2.)
** In Amerika gibt es bereits einen Ratgeber für solche Situationen: Patricia Evans, The Verbally Abusive Relationship. Holbrook 1992.

chen, sie zu befriedigen, alles zu tun, was sie vorschreibt, nur mit ihr schlafen zu wollen, wenn sie es möchte, den Urlaub nur dort verbringen zu wollen, wo sie es wünscht, die Kinder so zu versorgen, wie sie es für richtig hält. Am Ende steht die hilflose Frage des Mannes: »Du kritisierst mich, daß ich so langweilig bin und du immer für mich sorgen mußt. Was soll ich denn nur machen, daß du mich interessanter findest?«
Vergewaltigung und Kastration hängen beide mit einer Trennung, einem Verlust der guten Beziehung zusammen. Vergewaltigung, weil die Frau in der Brutalität des Mannes erleben muß, daß jemand ihr sehr nahe sein und sie dennoch in radikalster Weise ignorieren, entwerten, wie ein Ding, nicht wie einen Menschen behandeln kann. Das heißt, sie verliert den menschlichen Ansprechpartner, sie kann, zur Sache entwürdigt, in ihrer Angst und ihrem Schmerz niemanden finden, der ihr Halt gibt. Ähnlich die Kastration: Es geht ja im Regelfall solcher Ängste nicht um den physischen Verlust des Penis, sondern um den imaginierten Verlust der männlichen Identität. Da dem Mann die Möglichkeit abgeht, diese durch Menstruation, Schwangerschaft und Geburt gewissermaßen körperlich zu verankern, ist sie psychisch sehr anfällig und wird in den oben skizzierten Fällen durch Anpassung an weibliche Forderungen und Bestätigungen gefestigt.
Ein weiterer Schauplatz der Aggression zwischen den Geschlechtern, auf dem die unterschiedlichen Grundängste deutlich werden können, ist die Rolle der Schwangerschaft und der Sorge für Kinder. Die stati-

stische Regel zerbrochener Familien ist in den individualisierten Gesellschaften, daß der Vater aus dem Leben der Familie mehr oder weniger verschwindet, während die Mutter mit den Kindern eine neue Einheit bildet. Die Motive im Hintergrund dieser Situation lassen sich bereits in intakten Ehen nach der Geburt eines Kindes beobachten, wenn Männer entweder gekränkt oder humorvoll das Stillprivileg der Mutter ansprechen. Während der Vater den Säugling in angestrengtem Bemühen nicht glücklich machen kann, gelingt das der Mutter durch einige schlichte Handgriffe, welche ihre natürlichen Ressourcen freilegen. Der Stillneid ist ein dem Bewußtsein zugänglicher Abkömmling des Gebärneides der Männer.

Die klassischen Abwehrmechanismen der Hysterie sind Verdrängung und Projektion. Kontrolliert und aus dem eigenen Ich hinausverlegt werden vor allem sexuelle Wünsche, deren Qualitäten, Kontrolle aufzulösen, Unterschiede zu verwischen und wenigstens zeitweise die Grenzen zwischen zwei Menschen aufzuheben, von der hysterischen Persönlichkeit gefürchtet werden. Diese Furcht ist nicht als solche bewußt. Da jede Verdrängung starker Impulse von Durchbrüchen des Unterdrückten bedroht ist, entwickeln sich Systeme zusätzlicher Abwehrmechanismen, die sich mit den Zurüstungen vergleichen lassen, durch die sich ein Hausbesitzer vor Einbrechern schützt. Die feste Tür reicht nicht aus; eine Alarmanlage muß installiert werden, im Zwinger kläfft ein bissiger Wachhund. Besonders Ängstliche gehen vielleicht noch weiter; sie

Die Lust und die Sicherheit

tarnen das bedrohte Haus und errichten neben ihm ein Gebäude, in dem nichts Kostbares untergebracht ist.
Eine hysterische Patientin überlegt jedesmal nach einer Gruppentherapiesitzung zu Hause, was sie empfunden hat. Dann diskutiert sie in der nächsten Sitzung diese Empfindungen mit der Gruppe. Die Gruppe tadelt in der Regel, daß sie Gefühlsreaktionen und Auseinandersetzungen, die sich später nur mit Mühe rekonstruieren lassen, im Augenblick ihrer Beteiligung neutralisiert und später, wenn keine Interaktion möglich ist, den Prozeß durchlebt. Sie behauptet dann, sie sei angeschrieen oder der Mund sei ihr verboten worden, während sich niemand sonst daran erinnern kann. Ermahnungen, die Probleme gleich anzusprechen, nutzen in der Regel wenig. Dieses Verhalten wurzelt tiefer und widersetzt sich vernünftigen Erwägungen. Voreilig sprechen Analytiker hier von einem falschen Selbst. Mich stört dieser Ausdruck, weil er davon auszugehen scheint, daß es ein wahres oder richtiges Selbst gibt, eine Vorstellung, die ihrerseits den Mechanismen nahesteht, welche die hysterischen Abwehrformen erzwingen. Denn das ist es ja gerade, was die hysterische Persönlichkeit dazu veranlaßt, eine Rolle zu spielen und erst dann, wenn sie von der Bühne abgetreten ist, über ihre in dieser Rolle unterdrückten Gefühle nachzudenken: daß sie glaubt, sie müsse einem Ideal entsprechen, in dessen Muster sich ihre Gefühle nicht fügen. Ich behaupte also, daß sich in der therapeutischen Rede vom »wahren« und »falschen« Selbst ebensoviel Hysterie

ausdrückt, wie in den Phänomenen, die durch diese Rede beschrieben werden.
Jetzt werden auch die entwertenden Qualitäten der Etikettierung »Hysterie« in der Umgangssprache verständlicher. Sie beziehen sich auf Gefühlsäußerungen, die ein Betrachter für übertrieben oder »falsch« hält. Diese Zuschreibungen drücken Machtverhältnisse aus. Ob eine emotionale Äußerung angemessen ist oder nicht, entscheidet nicht ihre Beschaffenheit, sondern ihr Kontext. Wenn ein Kind während der Messe schreit, wird es hinausgeschafft; schreit aber der Pfarrer, ist die Gemeinde betroffen. Bricht die Sekretärin in Tränen aus, weil etwas schiefgegangen ist, stellt sie sich an und ist hysterisch. Tobt der Chef, dann hat er einen respektablen Grund und will das Beste für alle.
Eben weil viele Affekte und Erlebnisse verdrängt und projiziert werden, erfüllt die übertriebene Darstellung des vermeintlich erwünschten, intendierten Affekts wesentliche Kontrollfunktionen. Sie stabilisiert das Ich. Durch die Kontrolle über eigene und fremde Gefühlsreaktionen soll gefestigt werden, was die Vorstellung einer dem eigenen Selbstgefühl dienenden Besonderheit bekräftigt. Etwas Besonderes, Einzigartiges zu sein, ist in der individualisierten Massengesellschaft normal, ganz ähnlich wie der Wunsch der Touristenmassen normal ist, in Gegenden zu reisen, die vom Massentourismus unberührt sind.
Daher spiegelt die Hysterie die Normalität, indem sie diese karikiert und übertreibt. Hysterische Menschen sind gerade deshalb nicht normal, weil sie besonders

normal sein möchten. Sie sind überoptimal männlich oder weiblich. In ihrem erotischen Verhalten gleichen sie dem Scheinriesen, den Michael Ende in einem seiner Bücher (»Jim Knopf und Lukas, der Lokomotivführer«) beschrieben hat. Aus der Ferne ungeheuerlich und bedrohlich, schrumpft der Scheinriese, je mehr man sich nähert, und wird schließlich zum ängstlichen Zwerg. Ähnlich sind hysterische Personen aus der Ferne femininer oder maskuliner als durchschnittliche Menschen, doch hält dieser Eindruck nicht, was er verspricht. Der pfeiferauchende Porschefahrer, der im riskanten Überholmanöver keine Miene verzieht und im letzten Urlaub drei Karpatenbären erlegt hat, gesteht der Frau, die ihn endlich zu einem Kuschelwochende überredet hat, daß er unter vorzeitiger Ejakulation leidet und seit Jahren nur mit Prostituierten geschlafen hat, weil er von diesen keine Vorwürfe befürchtet. Die aufregende Blondine, die mit wiegendem Gang und tiefem Ausschnitt die Blicke der Männer im Restaurant an sich gerissen hat, gesteht in einer zugänglichen Stunde, daß sie bisher nur einen Orgasmus hatte, wenn sie mit sich allein war; Männer lenken sie zu sehr von ihren eigenen Empfindungen ab. Hysteriker sind im Sexualakt oft gerade das, was zu scheinen sie um jeden Preis vermeiden wollen.
Vielleicht läßt sich aus diesen Zusammenhängen verstehen, weshalb die Hysterie so wenig Chancen hat, ernstgenommen und nicht als Negativzuschreibung entwertet zu werden. Weil sie das Erwartete zu erfüllen verspricht, wird ihr doppelt übelgenommen, daß sie es

nicht einhalten kann. Wir wissen zu genau, wieviel an unseren kulturellen Errungenschaften Fassade ist, um es nicht übelzunehmen, wenn jemand sich anmerken läßt, daß er lieber die Realität opfert als die eigene Geltung.

Abwehrzauber

Zu den ältesten Amuletten, die gegen den bösen Blick und andere Formen der seelischen Verletzung benutzt werden, gehören Spiegel und Genitale - abgebildet oder durch Koralle, Bergkristall, Feige, Paprika, um den Daumen geballte Faust symbolisiert. Sie stehen für den Narzißmus und für phallische Formen der Sexualität.

Der folgende Traum stammt von Konrad, einem dreißigjährigen Ingenieur, dessen Kindheit von einer Mutter geprägt war, die von allen Kindern forderte, als perfekte Mutter respektiert zu werden. Für alles, was in der Familie nicht so war, wie es ihren Idealvorstellungen entsprach, klagte sie den Vater an, der es still duldete, sich aber heimlich in außerehelichen Verhältnissen »erholte«.

Konrads gegenwärtige Konflikte betreffen seine Ehefrau. Seit das gemeinsame Kind geboren ist, das Anlaß für die Heirat war, richten sich seine sexuellen Phantasien auf andere Frauen. Es ist nicht ganz klar, ob das daran liegt, daß seine Frau angefangen hat, ihn zu kritisieren, und er sich von ihr zurückzieht, oder ob er

Die Lust und die Sicherheit

sich zurückgezogen hat und sie ihn deshalb kritisiert. Zu Beginn der Therapie ist Konrad seiner Frau gegenüber impotent und fürchtet, seine Ehe aufs Spiel zu setzen, weil er sich während eines Urlaubs verliebt hat. Konrad teilt die übermächtige Mutter auf: Seine Frau braucht er, um sich geborgen zu fühlen und eine Familie zu haben; andere Frauen faszinieren ihn sexuell und vermitteln ihm ein Hochgefühl. Der Traum: »Es gibt einen großen Sturm, der viele merkwürdig geformte Bäume umwirft. Ich lege mich flach auf den Boden, um nicht weggeweht zu werden. Der letzte Baum, der entwurzelt wird, fällt auf eine weibliche Person. Ich erkenne sie: Es ist meine Mutter, sie sieht aber jünger aus, ihr Rückgrat ist gebrochen.«
In seinen Einfällen beschäftigt sich Konrad, scheinbar ohne auf den Traum weiter einzugehen, wieder einmal mit dem Thema der dominanten Frauen. Zuerst denkt er an eine Kollegin, die alle an die Wand rede. Keiner in der Abteilung wage, gegen sie aufzutreten, obwohl sie beruflich wenig qualifiziert sei. Sie habe ihn neulich auf einer Reise beim Chef schlechtgemacht und ihm nachher auch noch triumphierend davon erzählt. Er sei dann aber sofort zu einer anderen Kollegin gegangen; diese habe ihm versichert, daß der Chef ein Waschlappen sei, Frau L. zuviel reden lasse, aber ihn hochschätze. Er verstehe Frau L. nicht, erst bekunde sie ihre Freundschaft und falle ihm dann in den Rücken.
Dann kamen weitere Gedanken über seine Ehe. Er könne jetzt wieder mit seiner Frau schlafen, obwohl es ihn immer eine gewisse Überwindung koste. Es ergebe

sich eben so, wenn man zusammen im Bett liege, aber er könne sich an keine erotische Phantasie erinnern, die sich in den letzten Jahren auf seine Frau gerichtet habe. Andere Frauen beschäftigten ihn demgegenüber um so mehr. Vor einigen Tagen habe er sich in der Kantine mit einer Frau getroffen, aus der er nicht schlau werde. Sie mache Andeutungen, und ziehe sich dann wieder zurück. Da habe er sie gefragt: »Heißt das, daß du mit mir schlafen willst?« Und sie habe geantwortet: »Du bist aber ganz schön direkt!« Da sei er so schlau gewesen wie vorher. Als er nach diesem Gespräch nach Hause kam, sei er sehr erleichtert gewesen, daß seine Frau noch nicht da war. Sie hätte ihm seinen Flirt wahrscheinlich angesehen.

Einige Tage später berichtete Konrad von einer Szene an seinem Arbeitsplatz, die erste Einsichten in die Qualität seiner Bedürfnisse ironisch darstellt. Er saß mit einer Gruppe von Mitarbeiterinnen beim Kaffee in der Kantine. Eine attraktive junge Frau erzählte, daß sie sich gerne von ihren Bekannten als Babysitterin einsetzen lasse. Darauf der Patient: »Wenn meine Frau und mein Sohn einmal verreist sind, mußt du als Babysitterin zu mir kommen.«

Die Ehekonflikte von Konrad hatten begonnen, als er »versehentlich« einen Brief liegenließ, aus dem seine Frau erfuhr, daß er während eines Urlaubs eine sexuelle Beziehung begonnen hatte. Konrads unbewußte Erwartung war gewesen, daß seine Frau ihn verstehen und ihm helfen würde, seine Schuldgefühle zu verarbeiten, daß er seine Geliebte im Stich gelassen hatte.

Er sehnte sich nach Anerkennung von seiner Partnerin, er hatte schließlich seine Ehe nicht gefährden wollen.
Konrads Frau fühlte sich jedoch durch seine Bereitwilligkeit völlig entwertet, sich zwei Tage nach seiner Abreise mit einer Jüngeren zusammenzutun. Sie reagierte mit heftigen Vorwürfen und Eifersucht. Konrad war unfähig, gemeinsam mit ihr berechtigte Kritik und kindliche Anklage zu sortieren. Er reagierte mit weitschweifigen Rechtfertigungen und schließlich, als sich seine Partnerin nicht beschwichtigen ließ, zunehmend verstört. Er fürchtete, er habe seine Familie verloren, zog sich depressiv zurück, wagte nicht mehr, erotische Wünsche an seine Frau zu richten. Das bestärkte diese in ihrer Phantasie, er sei nur noch an einer jüngeren Frau interessiert.
In dem Traum zeigt sich die Problematik des Patienten, seine Aggressivität zu integrieren. Sie wird zur Naturkatastrophe, zu einem Sturm, den die Menschen im Traum nur abwettern können, indem sie sich flach hinlegen. Sie nehmen dazu eine Haltung absoluter Demut ein, die dem Patienten auch zu eigen war, wenn seine Frau einen Wutausbruch bekam, und an die er sich auch erinnerte, wenn er an die Streitigkeiten zwischen seinen Eltern dachte, in denen die Mutter das Feld beherrschte und der Vater sich zurückzog.
Aber der Träumer ist nicht nur Opfer, sondern auch Täter: in dem Orkan, den er entfesselt, triumphiert der phallische Baum über die phallische Mutter. Die Traumphantasie bildet die archaischen Aggressionen

ab, die nicht durch das väterliche Gesetz strukturiert sind, sondern in wechselnden Schattierungen zur Gefährdung durch den mütterlichen Phallus und zur Mordlust des phallisch identifizierten Kindes führen. Die mangelnde Präsenz des Vaters in der Familie führte dazu, daß auch der Sohn in seiner Ehe sich in den Konflikten mit seiner Frau nicht mehr austauschte, sondern ihr das Feld überließ.
Seine Frau überschüttete ihn mit Vorwürfen, er kümmere sich um nichts, leiste nichts für die Familie. Konrad fühlte sich dann völlig verkannt. Er verdiene das Familieneinkommen und ermögliche seiner Frau eine ehrenamtliche Tätigkeit, die häufige Reisen erfordere. Einmal verlor er die Beherrschung und schlug blindwütend auf seine Frau ein. Die danach entstandene Krise führte dazu, daß sich das Paar endlich aussprach und wieder näherkam; offensichtlich mußten beide an eine Grenze ihrer Idealisierungen geraten, um sich wieder auf die Realität des jeweils anderen beziehen zu können.
Erotikverluste bei wachsender Nähe, wie sie auch Konrads Ehe kennzeichnen, sind ein Signal dafür, daß Sexualität und Zärtlichkeit nicht in eine stabile genitale Haltung integriert worden sind. Die Sexualität benötigt Idealisierung und Illusion. Erotik verlangt nach Gefahr und Verbot von außen, um die lähmenden Einschränkungen einer inneren Zensur abzuwälzen. Möglichkeiten projektiver Unterbringung von Aggressionen bietet beispielsweise die wütende Ehefrau, welche den Partner beschimpft und entwertet, der ihr

Die Lust und die Sicherheit

durch einen »dummen Zufall« seinen Seitensprung mitgeteilt hat. Ohne den manischen Schwung der phallischen Eroberung dominierte bei Konrad eine depressive Hemmung.
Während in »durchschnittlich guten« erwachsenen Beziehungen Zärtlichkeit und Sexualität integriert sind und jede(r) der Partner die Hälfte der Beziehung verantwortet (genitale Position, Austauschbeziehung), sind in phallisch bestimmten, hysterisch geprägten Beziehungen Sexualität und Zärtlichkeit getrennt; einer der Partner (oder beide zugleich) beansprucht Kontrolle über die ganze Beziehung und bekämpft bzw. verleugnet jene Seiten des Partners, die nicht zu dieser Beziehungsphantasie passen.
Beruflicher Erfolg ist eine neutralisierte Variante der phallischen Position. Er kann ähnlich stabilisierende Wirkungen auf ein bedrohtes Selbstgefühl ausüben. So dient er vielen Kindern aus traumatisierten Familien als Korsett, dessen Verlust die brüchige Abwehr überfordert und neurotische Symptome ausbrechen läßt.
Es mag sein, daß Don Juan die Mutter als so verschlingend erlebt, daß es zur tödlichen Gefahr wird, sich ihr ein zweites Mal zu nähern. Der Penis gleicht dann dem Zauberstab im Märchen, mit dessen Hilfe sich der Held eine Brücke bauen kann, die hinter ihm sogleich wieder versinkt, so daß er immer weitereilen muß.
Hysterische Männer erkennt man oft an Sprüchen, in denen die für ihr Selbstgefühl so unentbehrlichen Frauen verächtlich behandelt werden, ein Verhalten, das ich das kannibalische Stadium des Narzißmus

nenne: Die betreffenden Personen entwerten, was sie zur Stabilisierung ihres Selbstgefühls bräuchten; durch diese Entwertung stellen sie eine falsche Autonomie her, die ihr Selbstgefühl einerseits vor weiterer Bedrohung schützt, andrerseits aber durch die Reaktionen der entwerteten Personen erneut gefährdet.

Hysterische Männer reden zwar oft von »Spaß«, aber sie meinen etwas Ernstes damit.* Ganz normale Befriedigung ist nicht nur banal, sondern sie bringt auch die Gefahr mit sich, einer Partnerin zärtlich und dankbar zu begegnen, Abhängigkeit zu ertragen und Unsicherheit in Kauf zu nehmen. Im Gegensatz zu der feministischen Karikatur von den Männern, die nur an sich denken und die Frau zum Objekt machen, sind viele hysterische Männer geradezu penetrant bemüht, ihre Frauen zum Orgasmus zu bringen. Wenn sie soviel Vertrauen gefaßt haben, daß sie offen sprechen und einen Blick hinter die phallische Fassade erlauben, dann wird deutlich, daß es ihnen mehr bedeutet, geliebt zu werden, als zu lieben, begehrt zu werden, als zu begehren, die Frau zu befriedigen, als selbst zufrieden zu sein. Am meisten, bekennen sie, würde es sie doch reizen, eine Frau zu bezwingen, die bisher kein Mann überzeugt hat – eine Lesbe zu bekehren oder eine Prostituierte dazu zu bringen, daß sie ihnen umsonst zu Diensten ist.

Don Juan ist kein Genießer, sondern ein Hochleistungssportler, der heute um einen Platz im Guinness Buch

---

* Das Playboy-Motto »Alles, was Männern Spaß macht« verrät diesen verbissenen Anspruch.

Die Lust und die Sicherheit

der Rekorde kämpfen würde. Daß darin keine Rubrik Meisterschaften im Reich des Phallischen verzeichnet, belegt doch, daß wir in prüderen Zeiten leben als Mozart oder Casanova. Der hysterische Mann findet Sexualität in dem Augenblick langweilig, in dem sie bequem zu haben ist und seine überoptimale Potenz nicht mehr gefragt wird – die Potenz des Verführers, des Eroberers, des Helden, der über Schwierigkeiten triumphiert. Weil er sich nicht eingestehen kann, daß er sich vor dem Verlust seines Zauberstabes fürchtet, entdeckt er plötzlich körperliche oder seelische Mängel an seiner Partnerin. Sie ist zu dick oder zu mager, zu alt oder zu jung, zu intellektuell oder zu ungebildet, zu kühl oder zu fordernd. Manchmal, vor allem, wenn sie fordernd oder wütend auf solche Entwertungen reagiert, nennt er sie schließlich hysterisch.

In allen Fällen, in denen ich hysterische Männer mit dieser phallischen Eroberungshaltung analysieren konnte, hat sich die Hypothese vom abwesenden Vater bestätigt. In den Nachkriegsfamilien ist es oft der fehlende Vater, der im Krieg geblieben ist oder – wenn er heimkehrt – durch den Krieg so beschädigt wurde, daß er in der Familie nur die Rolle eines Außenseiters spielt. In anderen Fällen ist der Vater ein sozialer Aufsteiger, der seine Frau gesucht hat, weil sie etwas Besseres ist als seine Mutter, und der sich ihr in der Erziehung der Kinder unterwirft; oft genug behauptet seine Frau, daß er nichts von Erziehung versteht und sein Beitrag vor allem darin liegt, die Kinder nicht zu frustrieren.

Wahrscheinlich ist das pädagogische Rezept, daß es zu Gutem führt, Kinder nicht zu frustrieren, deshalb so beliebt, weil es so bequem ist. Ein Vater, der nichts verbietet, zeigt vor allem, daß er kein Zutrauen in seine eigenen (männlichen) Wünsche hat und nicht den Mut aufbringt, seinen Platz einzunehmen. Lucien Israel hat die entsprechenden Vorwände gesammelt: »Das Leben wird es mit sich bringen, das Kind mit Versagungen zu konfrontieren, es hat nicht darum gebeten, geboren zu werden, folglich haben wir nicht das Recht, es zu schikanieren; es hat mich den ganzen Tag nicht gesehen, und wenn ich abends nach Hause komme, soll ich noch den Kinderfresser spielen. (...) In Wahrheit raubt diese Haltung, die vorgibt, keine Wünsche zu haben oder sie niemandem auferlegen zu wollen, dem Kind das Vorbild des Wunsches und auch den Schutz, den ein wünschender Vater gewährleistet.«*

Eine Folge dieser Strukturlosigkeit ist die Sehnsucht des Jungen, seine Ängste zu überwinden, indem er sich mit übermächtigen Gestalten identifiziert; die Superhelden der Comics und Filme bezeugen das. Sie sind unverwundbar und jeder Situation gewachsen; ihr Übermaß an Kraft kompensiert den Mangel an väterlicher Autonomie: Der Junge muß schließlich nicht nur sich selbst, sondern auch den Vater und die Mutter schützen.

Ein Patient in einer leitenden Position litt oft an Bauch-

---

* Lucien Israel, Die unerhörte Botschaft der Hysterie. München 1987, S. 131.

krämpfen und Übelkeit, so sehr fürchtete er sich vor »seiner« Abteilung. Mit größter Disziplin und vielen Überstunden konnte er diese Ängste kompensieren. Sie plagten ihn vor allem dann, wenn eine der ihm untergebenen Frauen – seine Sekretärin, eine junge Mitarbeiterin, der er auf dem Flur begegnete – auf ihn unzufrieden wirkten. Er überlegte dann stundenlang, ob er etwas getan habe, was diese Unzufriedenheit verschuldet haben könne, wurde wütend auf diese Beschäftigung, die er dumm und ängstlich fand, ärgerte sich über die betreffenden Frauen, was ihn aber noch abhängiger von deren Gesichtsausdruck machte. Er wollte alles überoptimal machen und verzagte daran. Erst in der Therapie konnte er sich schrittweise mit dem Gedanken anfreunden, daß es in den meisten Situationen vollständig ausreicht, sich durchschnittlich zu verhalten, wie es eben dem Standard der Chefs in seiner Einrichtung entsprach. Die Durchschnittsphobie ist ein wichtiges Symptom des hysterischen Mannes, der überoptimal sein will und deshalb nichts mehr fürchtet als »ganz gewöhnlich« zu sein.

Die Durchschnittsphobie

Diese Störung fiel mir das erste Mal im Gespräch mit einem Manager auf, der mit heftigen Angstzuständen, Depressionen und Schlaflosigkeit zu mir kam. Er hatte soeben einen Vorstandsposten übernommen, weil man ihm zutraute, zwei erbittert rivalisierende Mit-Vorstände nach dem Rückzug des Inhabers und bisherigen Vorstandsvorsitzenden in den Aufsichtsrat zu versöhnen. Bisher hatten alle seine ebenso kompetente wie verbindliche Art geschätzt, seinen fürsorglichen und rücksichtsvollen Führungsstil. Er hatte sich um diesen Posten beworben, weil er hier seine letzte Chance sah, einen Jugendtraum zu verwirklichen und einmal ein Unternehmen zu leiten.

Bald zeigte sich, wie schwierig die Aufgabe war, die ihm vom Aufsichtsrat angetragen worden war. Das Unternehmen litt unter der Rezession, Führungskämpfe verschlangen kostbare Energien, ein Projekt, in das er große Hoffnungen gesetzt hatte, scheiterte an der Unfähigkeit des Leiters (den er ausgewählt hatte). Er geriet immer mehr unter Druck, grübelte stundenlang über Entscheidungen, konnte nicht mehr schlafen und warf sich ständig vor, nicht dynamisch und aggressiv genug für seine Aufgabe zu sein.

Einsichtig, aber ohnmächtig beschrieb er sein Handicap als die Schattenseite gerade der Qualität, die den Aufsichtsrat dazu geführt hatte, ihm den Posten zuzutrauen: Er sei zu verbindlich, er wolle es allen recht machen, er könne niemandem weh tun. Deshalb schob er Entscheidungen auf, die unbedingt gefällt werden mußten, und wehrte sich nicht gegen seine Kollegen, die ihm Kompetenzen streitig machten oder ihn wechselseitig als Blitzableiter mißbrauchten. Er dachte daran, sich krank schreiben zu lassen, sich in eine Klinik zurückzuziehen und blieb nur bei der Stange, weil er sich seiner Familie verpflichtet fühlte.

Er schilderte sich als zurückgezogenes, stilles Kind, das am liebsten im Sandkasten hinter dem Haus spielte, als typischen Spätentwickler. Während seiner Kindheit habe der Vater gefehlt (er saß wegen seiner Naziverbrechen im Gefängnis); nachher sei er distanziert und extrem fordernd mit ihm umgegangen. Er sei ein erbärmlich schlechter Schüler gewesen, aber während des Studiums aufgeblüht und habe summa cum laude promoviert. Ähnlich sei er auch in der Firma zuerst gar nicht besonders gut angekommen und habe nach einigen Jahren alle durch seine Erfolge so verblüfft, daß ihn der jetzige Aufsichtsratsvorsitzende für das Vorstandsamt aussuchte. Jetzt seien alle von ihm enttäuscht, und das mache ihm schrecklich zu schaffen.

Er hatte von seinem Vorstandsamt eine ähnliche Entwicklung vom Aschenputtel zur Prinzessin erwartet. Obwohl er die objektiven Hindernisse und die emotionalen Spannungen im Führungsteam intellektuell erfassen konnte, gelang es ihm nicht, seinen eigenen Beitrag in der Führung des Unternehmens realistisch einzuschätzen. Er konnte nicht wahrnehmen, daß er seine Sache weder exzellent noch miserabel machte, sondern durchaus angemessen. Seine Rede vom miserablen Schüler und vom exzellenten Studenten schien mir diese Situation vorwegzunehmen, und ich fragte ihn, was er denn für Schulnoten gehabt habe.

»Schlechter als befriedigend war ich nie«, sagte er.

»Sie leiden an einer Durchschnittsphobie«, rutschte es mir heraus. Ich gebrauche Begriffe wie Phobie sonst nicht im Gespräch mit meinen Klienten. Vermutlich reagierte ich auf seinen inneren Druck und sein Bedürfnis nach einer Diagnose, die dann zu einem Rezept führen würde, das ihm schnell Erleichterung verschaffte.

Der Ausdruck leuchtete ihm ein. Es gelang ihm und mir zunehmend besser, uns zu verdeutlichen, daß er sein Salär als Vorstandsmitglied auch dann verdiente, wenn er nur eine in seinen Augen durchschnittliche Leistung erbrachte. Er verstand dadurch auch, welcher unerbittliche Perfektionismus ihn antrieb und wie die Durchschnittsphobie seine Entscheidungen lähmte. Er wollte eben nicht durchschnittlich gut - dem Standard eines gelernten Kaufmanns entsprechend - entscheiden, sondern absolut fehlerfrei. So verschwendete er viel Zeit nach Feierabend, die Nachteile jeder Entscheidung zu durchdenken, bis ihn schließlich die gesammelten, weit größeren Nachteile seiner Entscheidungshemmung vollständig niederdrückten und die lange vertrösteten Wünsche nach Erholung und Freizeit die Gestalt der hochambivalenten Sehnsucht annahmen, in ein Sanatorium zu gehen: gescheitert zu sein als Strafe, endlich ruhen zu dürfen als Befriedigung. Dabei war die Situation in seiner Phantasie viel schlimmer als in der Realität, wo viele seiner Mitarbeiter gar nicht bemerkten, wie sich ihr Chef am Rande eines nervösen Zusammenbruchs bewegte.

Die Phantasie, etwas Besonders zu sein, die erdenklich beste Leistung zu erbringen, ganz anders zu denken, zu fühlen, in den Urlaub zu reisen oder sein Sexualleben zu pflegen als der Durchschnitt ist völlig normal, sozusagen durchschnittlich, ein wesentlicher Bestandteil der seelischen Ausrüstung des Menschen in der modernen Gesellschaft.

Die Suche nach dem idealen Vater

»Immer wieder«, erzählt der fünfzigjährige Rainer, »träume ich von Leuten, mit denen ich eigentlich nichts am Hut habe, die mich geradezu ärgern, aber ich kriege sie nicht aus meinem Kopf. Jetzt war es wieder so mit Herrn Piëch, dem Vorstandsvorsitzenden von Volkswagen. Gut, ich war mal mit der Schwester seiner dritten Frau befreundet, er hat ja so viele Frauen, sie ist meine Jugendliebe. Ich kann solche Bonzen nicht leiden, ich habe als Kind darunter gelitten, daß wir nichts waren. Mein Vater war auch bei VW, aber er ist ganz früh gestorben, ich war erst neun. Wir wohnten dann weiter in einem Häuschen in der Arbeitersiedlung, das er Gott sei Dank noch ganz billig gleich nach seiner Anstellung nach dem Krieg als Übergangswohnung gekauft hatte.
Ich konnte nie eine meiner Freundinnen mit nach Hause bringen. Und jetzt muß ich doch träumen, ich, daß ich den Piëch irgendwo im Auto abhole und zu einem Termin beim Finanzamt fahre. Dort sind viele Tische und Verhandlungen gleichzeitig, und er erklärt mir etwas, was ich nicht verstehe, auch weil es so laut ist, und ich nicke immer und sage ja, ja, gut, gut. Spä-

ter im Traum bin ich zu Hause, es ruft jemand an, und es ist wieder der Piëch, wir unterhalten uns ganz privat, aber ich verstehe wieder nicht, was er sagt, und sage immer wieder hmhm, jaja.
Das ist mir hochpeinlich, ich halte gar nichts von Herrn Piëch, ich war immer eher links, aber diese Träume, die sind immer von solchen Leuten, die ganz nach oben gekommen sind und die ich eigentlich nicht leiden kann, denn ich hab's ja nicht zu viel gebracht. Früher hab ich von Franz Joseph Strauß geträumt, auch solche Szenen; den konnte ich gerade so wenig leiden. Einmal habe ich ihn aber tatsächlich getroffen, ich sitze in einem Biergarten, und er kommt mit dem Rennrad vorbei und setzt sich an den Nebentisch, in der kurzen Hose, mit solchen Oberschenkeln, ich hab erst gedacht, das gibt's doch nicht, doch die Bedienung hat ihn als Herr Ministerpräsident angesprochen. Ich hab nicht mit ihm geredet oder so was, ich käme mir schleimig vor, mich so an Prominenz heranzuwanzen. Aber ich krieg sie nicht aus meinem Kopf, diese Leute, und ich will sie doch gar nichts drinhaben.«
Rainer ist das jüngste von vier Kindern. Er schildert, daß seine Mutter sich nie um ihn kümmerte und er sich früh selbst durchbeißen mußte. Er rebellierte gegen alle Lehrer; seine Mutter schlug ihm vor, doch arbeiten zu gehen. Rainer wechselte mehrmals die Schule und schaffte schließlich mit schlechten Noten das Abitur. Darüber schämt er sich sehr; er empfindet seine an sich gute Karriere als selbständiger Steuerberater und Wirtschaftsprüfer als Versagen, als »nichts Besonde-

res«. Er fährt einen teuren Sportwagen, fürchtet aber lange Zeit, darüber zu sprechen, weil der Therapeut ihn dann für einen Angeber halten könnte.

Rainers Anlaß für eine Therapie sind Herzsymptome und nervöse Atemstörungen. Das Gefühl, nicht frei atmen zu können, vom Ersticken bedroht zu sein, Ängste, daß sein Herz stehenbleibt, lassen ihn vor allem im Urlaub nicht schlafen. Die Beziehung zu seiner Freundin ist gespannt. Beide haben schon über eine Trennung diskutiert; im gemeinsamen Urlaub sind die Angstsymptome besonders ausgeprägt. Sie entwertet ihn als zwanghaft und knauserig; er hingegen bewundert ihre Tüchtigkeit und ihr soziales Geschick als Theaterdirektorin, findet sie aber anspruchsvoll und chaotisch. Er wohnt mit ihr zusammen und besucht noch regelmäßig seine heranwachsende Tochter aus einer früheren Ehe. Außerdem hat Rainer eine heimliche Liebschaft mit einer Kundin, mit der er einige Male pro Monat schläft.

Der Traum zeigt, wie Rainer an einen Stützmechanismus gebunden ist, den er in der Pubertät als Reaktion auf den Tod des Vaters und den sozialen Abstieg erworben hat. Er sehnt sich nach dem idealisierten Vater, möchte ihn nahe bei sich haben und so den Verlust ausgleichen; anderseits rebelliert er auch gegen diese Abhängigkeit und drückt in den Traumbildern aus, daß er sich von seiner Sehnsucht distanzieren und sie bekämpfen möchte. Er hat sich, um den schweren Verlust seelisch zu kompensieren, mit dem Vater identifiziert; die Angstneurose bricht aus, sobald sich der Zeitpunkt nähert, an dem Rainer ebenso alt werden wird wie der Vater – nach dem Diktat des Unbewußten muß er zu diesem Zeitpunkt, ebenso wie der Vater, an einem Herzinfarkt sterben.

Auch in der Therapie zeigt sich Rainers ambivalente Haltung zu »Vätern«. Er gibt sich betont skeptisch und kritisch, spricht aber oft auch schuldbewußt darüber, daß er nicht genügend arbeitet, sich nicht genügend vorbereitet, als sei ich einer der gefürchteten Lehrer der Gymnasialzeit. Er will alles genau erklärt haben und flicht gelegentlich ironische Bemerkungen ein, etwa über seine Schwägerin, eine Psychologin, die in der Familie als hysterisch gelte. Die habe doch glatt behauptet, sie hätte seine Herzbeschwerden längst in höchstens fünf Sitzungen mit Hilfe einer Familienaufstellung geheilt.

Dennoch entwickelte sich die Zusammenarbeit mit Rainer in einer Psychotherapie gut. Die Herzbeschwerden verschwanden, sobald der traumatische Verlust des Vaters besprochen und die ambivalente Beziehung zu Frauen bearbeitet wurde. Rainer fällt plötzlich auf, was er schon die ganze Zeit hätte wissen können: daß seine Herzangst einsetzte, als ein Geburtstag auf ihn zukam, an dem er älter werden würde als sein Vater.

Die Behandlung konzentriert sich später auf die geringe Festigkeit seines männlichen Selbstgefühls. Vor allem im Urlaub fühlt er sich von seiner Freundin abhängig und protestiert in seinen Symptomen gegen ihre Vormacht. Einmal beruhigte sich Rainer schlagartig, nachdem ihm ein älterer Arzt, eine fachliche Au-

Die Lust und die Sicherheit

torität, bestätigt hatte, daß ihm nichts fehle. Rainers erste Ehe ist nach kurzer Zeit zerbrochen. Er hatte im Geist der achtundsechziger Jahre versucht, sich ebenso wie seine Partnerin um die Tochter zu kümmern. Schnell ergaben sich Konflikte, weil er sich durch Kritik seiner Frau verletzt fühlte, sich zurückzog, was weitere Kritik provozierte. Noch jetzt reagiert Rainer auf jeden Brief seiner Exfrau deprimiert und kann sich kaum vor ihrer Entwertung seiner an sich guten Beziehung zu seiner Tochter schützen.

Die Traumszenen beleben die ambivalente Sehnsucht nach eigener Grandiosität: der Karrierezwilling ist viel prominenter als Rainer, aber eigentlich unsympathisch, er will nichts mit ihm zu tun haben. Rainers Rebellion gegen seine Gymnasiallehrer drückt die Suche nach dem »wirklich guten« Vater ebenso aus wie der Traum: die berühmte Gestalt hat die Ehren, die ihr zuteil werden, nicht wirklich verdient. In beiden Begegnungen fühlt sich Rainer aber letztlich beschämt; obwohl er alles tut, die Pauker für sein Schulversagen zu entwerten, fühlt er sich als Versager und ist verwundert, als der Therapeut anerkennend sagt, er habe sich doch erfolgreich durchgebissen und könne mit seinen Leistungen zufrieden sein. Hier zeigt sich die Bindung durch die Entwertung: Wenn Rainer mit seiner Schulkarriere zufrieden wäre, müßte er nicht den Lehrern immer noch ihr Versagen nachtragen (auch gegenwärtig kommt er auf einer Party mit niemandem so leicht in einen Streit wie mit einem »Pauker«). Weil er sich insgeheim doch als Versager fühlt, muß er jene festhalten, die an der schmerzlich empfundenen Entwertung noch schuldiger sind als er.

An Rainer werden die phallischen, überoptimalen Männlichkeitsphantasien erst dann deutlich, wenn er Vertrauen faßt und die Gelegenheit bietet, den Motiven seiner scheinbar kühlen Distanz und seiner gegen sich selbst ebenso wie gegen andere gerichteten Entwertungen nachzugehen. Seine Eitelkeit ist die des Understatement, er findet seinen teuren Sportwagen und seine finanziellen Erfolge ja eigentlich selbst blöd, man dürfte sich schließlich nicht von solchen Dingen abhängig machen.

Die Sexualangst der Männer

> Überall weichet das Weib dem Manne; nur in dem Höchsten
> Weichet dem weiblichsten Weib immer der männlichste Mann.*

In einer der klassischen männlichen Angstphantasien, jener von den Amazonen, werden Männer wie »Drohnen« behandelt, verachtete Brummer im Bienenstock, die ihren Samen liefern und dann als nutzlose Esser beseitigt werden. Ein Mann kann viele Frauen befruchten; das stimuliert seine Größenphantasie, weckt aber Ängste, entbehrlich zu sein und nicht zum Zuge zu kommen. Im Harem gibt es einen Pascha und viele Eunuchen.
Um diese bedrohliche biologische Überlegenheit der Frau zu bannen, ersinnt der Mann Bilder und Erklärungen, die seine Ängste spiegeln. Erinnern wir uns an das klassische Phantasma des losgerissenen Uterus. Die - wie der männliche Samen - frei vagierende Gebärmutter verwirrt angeblich den weiblichen Körper, in Wahrheit aber den Mann. Sie braucht - was für ein

---

* Friedrich Schiller, Das weibliche Ideal. An Amanda. Zit. n. Sämmtliche Werke. Leipzig o. J., S. 52.

überraschender Gedanke! – den Penis des Mannes (und die durch diesen gespendete Schwangerschaft), um wieder an ihrem Platz verankert zu werden. Sonst vergreift sie sich an der weißen Gehirnsubstanz, weil sie diese für Samen hält, nach dem sie hungert. Solche Bilder helfen Männern, ihre Angstphantasie von Flüchtigkeit und Entbehrlichkeit auf die Frau zu projizieren, Phallus und Samen als Lösung anzubieten. Der Hysterieglaube hat für den männlichen Narzißmus eine ähnliche Funktion wie die Rhetorik des Werbetexters für den Kunden: Er versucht, ein Produkt als unentbehrlich hinzustellen, weil er fürchtet, es sonst nicht verkaufen zu können.

Im frühen Modell der Hysterie wird diese Realität umgekehrt: Der Phallus ist für die Frau unverzichtbar, wenn sie nicht von der eigenen Gebärmutter bedroht werden soll. Das Mythologem dahinter unterstellt, daß Frauen sexuelle Bestätigung mehr brauchen als Männer, daß sie den Sexualakt mehr genießen und abhängiger von den Männern sind als diese von ihnen.

Ein Beleg für diese Männerphantasie ist auch der Mythos vom griechischen Seher Teiresias. Er hatte paarende Schlangen mit seinem Stock erschlagen und wurde von einer erzürnten Göttin in ein Weib verwandelt. Nach manchen Quellen ergriff er sogleich nach dieser Umwandlung den Beruf einer Hetäre. Sieben Jahre später traf er wieder auf Schlangen im Liebesspiel und dachte, daß dieselbe Tat seine Verwandlung rückgängig machen könnte, was auch geschah. So wurde Teiresias der einzige Mensch, der beurteilen konnte, wie sich der Sexualakt für Männer und Frauen anfühlt.*

In dieser Eigenschaft konsultierte ihn das zerstrittene Götterpaar Zeus und Hera, die sich nicht darauf einigen konnten, wem der Sexualakt mehr Lust bereitet. Zeus behauptete, den Frauen; Hera, den Männern. Teiresias entschied den Streit zugunsten von Zeus: Frauen empfänden die zehnfache Lust. Es ist selten bekömmlich, als Experte in einem Streit zwischen Göttern auszusagen. Hera wurde sehr zornig und bestrafte Teiresias mit Blindheit. Zeus konnte die Strafe einer Göttin nicht aufheben, aber er versuchte doch, Teiresias zu entschädigen und schenkte ihm die Sehergabe, durch die er so berühmt wurde – er deckte unter anderem auch den Vatermord und die Mutterehe des Ödipus auf.

Homosexualität

Wenn die Hysteriediagnose von Männern »gegen« Frauen einen Versuch enthält, Frauen einem männlichen (Wunsch)Bild anzugleichen, ergibt sich ein Zusammenhang mit der Homosexualität. Man könnte feststellen, daß homosexuelle Männer den hysterischen Männern insofern gleichen, als sie Probleme mit sexueller Nähe zu Frauen haben.

---

* Frei nach den Quellen erzählt, von denen die Metamorphosen des Ovid die bekanntesten sind, vgl. R. v. Ranke-Graves, Griechische Mythologie. Reinbek 1964.

In vielen Gesellschaften ist die homoerotische Liebe zwischen Frauen weniger tabuisiert als die zwischen Männern. Das kann bedeuten, daß Männer stärkere homosexuelle Neigungen haben als Frauen und deshalb die sozialen Tabus ausgeprägter sind. Vielleicht heißt es aber auch nur, daß Männer wegen ihrer dominanten sozialen Rolle stärker kontrolliert werden, während Frauen weniger auffallen und ihre homoerotischen Neigungen daher auch weniger zensiert ausleben dürfen.

Homosexualität und Hysterie ist gemeinsam, daß sexuelle Nähe mit einem Partner des anderen Geschlechts Ängste auslöst. In der Hysterie werden diese Ängste durch Idealisierung des *anderen* Geschlechts und den Versuch gebunden, ein überoptimaler Mann bzw. eine überoptimale Frau zu sein; in der Homosexualität wird die Vermeidung durch Idealisierung des *gleichen* Geschlechts verfestigt.

Die Dämonisierung der Homosexualität ist eines der Symptome der Hysterie. Niemand redet so viel, sieht so viel Homosexuelle wie der oder die Hysterische, niemand bekämpft sie so energisch, hält sie ungeeignet für den Militärdienst, die Offizierslaufbahn, den Beruf des Psychotherapeuten. Überall sind sie zu finden und unbedingt müssen sie entlarvt werden, sie sind pervers! Gerade in Institutionen, in denen viele Jugendliche sind, kann die Verfolgung der Homosexualität mit hysterischem Eifer betrieben werden und ähnliche Verstrickungen ausdrücken wie die Erregung der Inquisitoren bei der Entlarvung von Hexen.

Diese Situation befriedigt Abwehrbedürfnisse der Verfolger wie der Verfolgten. Der Jugendliche, der nichts dagegen hat, daß man ihn für homosexuell hält, ja dieses Urteil sogar provoziert, kann die Aufregung der Erzieher genießen, ganz anders als der tatsächlich Homosexuelle, der sich oft überangepaßt verhält und Wert darauf legt, »normal« zu scheinen.

Wir sprechen heute nur noch dann von einer Perversion im klinischen Sinn, wenn entweder der Betroffene oder seine Partner unter seiner Variante des Sexualverhaltens leiden. Wer eine stabile, d. h. beide Partner befriedigende Beziehung herstellen kann, den machen Spiele mit Peitschen und Fesseln, Gummis und Leder, Windeln oder Urin nicht zum Perversen.

Problematischer ist ein Urteil über Pädophilie. Gegenwärtig erscheint es fast unmöglich herauszufinden, ob wirklich alle Kinder und Jugendlichen geschädigt werden, die in pädophile Akte verstrickt waren. Wahrscheinlich ist das nicht, es im Einzelfall abzuwägen setzt jedoch mehr Ruhe und Geduld voraus, als sie Strafverfolgungsbehörden und Öffentlichkeit gegenwärtig aufbringen.*

Wenn Beobachter angesichts der Mediendramaturgie um den sexuellen Mißbrauch von Kindern von Hysterie sprechen, enthält das einen wahren Kern. Durch eine Verteufelung der Täter, die keinerlei Differenzierung mehr zuläßt und sofort nach Strafverschärfungen schreit, können unsichere sexuelle Identitäten gefestigt

---

* Extremistinnen lehnen inzwischen den Ausdruck Pädophile ab und fordern, durchweg von »Pädocrimen« zu sprechen.

werden. Die Konsumenten erreichen zweierlei: Sie können sich ganz legal mit den Abscheulichkeiten beschäftigen, die sie da anprangern oder anprangern lassen, und sich gleichzeitig in pharisäischem Dünkel über die Schweine erheben, die »so etwas« tun.

Mehr scheinen als sein

Die exhibitionistische Komponente der Hysterie führt dazu, daß in der Sexualität der Schein einer Beziehung oft wichtiger ist als diese selbst. Solchen Männern kann es geschehen, daß sie mit einer attraktiven Frau in die Flitterwochen fahren und diese tagelang nicht anrühren können, weil sie auf dem Flughafen eine Hosteß erblickt haben, die ihnen schöner erschien als die eigene Partnerin. Die plötzliche Entwertung der real verfügbaren Frau hängt mit einem unbewußten Exhibitionismus zusammen, der sich dadurch befriedigt, daß ich die schönste aller möglichen Partnerinnen erobern und an meiner Seite allen zeigen müßte. Der Schein ist nicht wichtiger als der Genuß, er ist der einzig »wahre« Genuß, dem sich alles unterzuordnen hat.
Die Dynamik des sogenannten »perversen« und von der Polizei verfolgten Exhibitionismus ist ähnlich, aber oft masochistisch angelegt. »Diese ganze Komödie: Anzeige, Festnahme, Anklage und Begutachtung gehört gerade zur exhibitionistischen Inszenierung. Noch der tölpelhafteste dieser Unholde, wie sie in der Presse heißen, vervielfacht seine Lust durch die Aufregung,

die darum gemacht wird. Durch sie wird ihm bewiesen, daß das, was er zur Schau stellte, unendlich viel wichtiger war, als das, was er zu entblößen glaubte.«*

Die hysterisch verwendete Perversion erlaubt es dem Mann, sich mit der Show zu begnügen. Der exhibitionistische Akt dient nicht einem Vorspiel, sondern einer Vermeidung; Israel vergleicht den Penis in solchen Situationen mit einem Schaustück, das entweder Abscheu oder Faszination auslösen soll, in jedem Fall aber in einer Vitrine steht, wo es Bewunderung oder Neid der Betrachter auf sich zieht, den Besitzer davor bewahrt, es benutzen zu müssen.

Auch diese männliche Unberechenbarkeit, in der eine Frau heute glühend begehrt und morgen erotisch entwertet und schuldbewußt zur guten Freundin neutralisiert wird, taucht in dem klassischen Vorwurf der »hysterischen Unberechenbarkeit« auf, den sich die »launischen Frauen« gefallen lassen sollen. Dieser Vorwurf führt uns zur Dynamik der Mutter des hysterischen Mannes zurück. Diese zufriedenzustellen, ihr Trauma zu kompensieren, ihre Launen auszugleichen ist die Aufgabe, die den hysterischen Mann in seine enormen Anstrengungen treibt. Sie ist die unerreichbare Frau, die von allem Männlichen verlassen ist außer von ihrem Sohn.

Wenn eine Mutter nicht durch eine stabile Identifizierung mit ihrer genügend selbstbewußten eigenen Mut-

---

* Lucien Israel, Die unerhörte Botschaft der Hysterie. München 1987, S. 134.

ter ihre weibliche Autonomie erreicht hat, dann kann sie ihre Wünsche an das Leben nicht mit der Realität versöhnen. Sie kann nicht für sich allein stehen und findet keinen Halt an einem Partner. So wird sie sich an den kleinen Mann klammern; sie wird von ihm fordern, ein Mann zu sein und der Mann zu werden, der ganz bestimmt keine Frau so enttäuschen wird, wie es ihr widerfahren ist. Er muß edel sein, hilfreich und gut, er darf sich nicht gehenlassen und muß seine Wünsche bezähmen bzw. ganz davon abhängig machen, ob sie den Beifall der Frauen finden. Der weibliche Körper bedroht das Selbstbild des Jungen und führt zu Verhärtungen, Zwängen, magischem Denken, wenn er kein männliches Pendant hat, das diese mütterliche Übermacht neutralisiert.

Beispiel: Der Sohn einer zwischen Selbstüberschätzung und heftigen Selbstanklagen schwankenden Frau, deren Partner sich von ihr getrennt hat, entwickelt lebensbedrohliche psychosomatische Symptome und parallel dazu Phantasien, ein Gangsterboß oder ein Polizeikommissar zu sein.

Viele hysterische Männer waren als Kinder einer unbefriedigten, unausgefüllten Frau ausgeliefert.* Diese

---

* Das kann, aus dem Kontext gelöst, als Schuldzuschreibung mißverstanden werden, ist aber nur als Beschreibung zu verstehen. Erstens »entschuldigt« eine Mutter- oder Vaterproblematik das hysterische Verhalten eines Erwachsenen nicht. Zweitens ist auch die Mutter, wie der hysterische Mann, Opfer von Deprivationen; sie würde sich, wenn sie durch ihre eigenen Eltern oder durch einen Partner stabilisiert wäre, doch nicht in dieser Weise an den Sohn klammern.

Die Sexualangst der Männer

übermächtige, frustrierte Mutter ist es, die Don Juan glücklich machen und an der er sich rächen will. Er erobert sie und verläßt sie, ehe er selbst seinen phallischen Abwehrzauber verliert, den ihm die endlose Reihe seiner Eroberungen verschafft. Er weiß, er kann ihr nie genügen; daher die quälende Unzufriedenheit hysterischer Männer, ihre Überzeugung, immer dann, wenn sie sich entschieden haben, die schlechtere Alternative gewählt zu haben.*

Der Traum eines Fünfunddreißigjährigen: »Ich bin im Vorraum eines Gebäudes, das mich an das Schloß der Fürsten T. erinnert, in dem ich als Kind manchmal war. Eine Frau mit weißen Haaren und langem Mantel befiehlt, daß Leute aufgehängt werden. Ich bemühe mich, ganz unauffällig zu sein, mich nicht zu wehren, vielleicht übersieht sie mich dann, ich bin irgendwie sicher, daß ich es schon hinkriege, wenn ich ganz lieb bin. Eine Frau wird hingerichtet; es ist irgend etwas falsch mit dem Hängen, nicht hoch genug, sie leidet lange, zappelt. (...) Dann bin ich weiter weg und treffe auf

---

* Man könnte, über Lucien Israels Konzept der »erstarrten« Hysterie hinaus, auch die »hysterische Institution« als organisierte Abwehr solcher Themen konzipieren. Ein Beispiel wäre die katholische Kirche, in der Frauen schweigen müssen; auch das Patriarchat in seinen vielfältigen Formen ist als Siegesgeste gegen mütterliche Übermacht interpretiert worden. Problematisch scheint die lineare Umsetzung von individueller Dynamik in kollektive Struktur; in Einzelfällen läßt sich aber durchaus nachweisen, daß z. B. die Berufswahl »katholischer Priester« eine sublimierte Form des Don Juanismus ist: alle Frauen (in ihnen die Mutter) gewinnen, keiner gehören.

einem Gang eine der Frauen, die auch in Gefahr sind. Sie sagt zu mir: Man lernt wenigstens etwas hier, ich kann Goldschmiedin werden.«

Dieser Sohn kleidet unbewußte Phantasien über Qualitäten seiner Elternbeziehung in ein alptraumhaftes Bild weiblicher Übermacht. Der Vater ist fern, er kann das Geschehen zwischen der Mutter und den ihrer Willkür ausgelieferten Kindern nicht steuern. Sicher wird die Mutter auch durch projizierte Affekte von narzißtischer Omnipotenz, Kränkbarkeit und Wut zu der Gestalt, als die sie auftritt. Was den Traum paradigmatisch macht, ist der Mangel an Gesetz, an Struktur. Beliebtheit, geschickter Umgang mit Launen, Schmeichelei ersetzen diese Ordnung.

Wie der Träumer seine Mutter beschreibt, zeigt ihre Bedürftigkeit und ihre Strukturlosigkeit. Sie ist die beste Mutter der Welt und zieht sich gekränkt zurück, wo sie nicht als solche idealisiert wird. Hinter ihrer scheinbaren Güte bleibt die Mutter bedrohlich. Einmal wollte der Zehnjährige mit dem Fahrrad zum Gemischtwarenladen fahren und Bonbons holen. Die Mutter sagte: »Fahr nicht mit dem Rad!« Er fuhr trotzdem. Auf dem Nachhauseweg prallte er gegen ein Auto, das aus einer Seitenstraße kam. Blutend bemühte sich das Kind, den Schmerz zu verkneifen: War er nicht die gerechte Strafe dafür, das mütterliche Gebot mißachtet zu haben?

Impotenz

Nun kommt für jeden jungen Mann, der es nicht ganz bei der exhibitionistischen Ferne, der verschwiegenen Hemmung oder dem ideologisch untermauerten Zölibat belassen möchte, irgendwann die Stunde der Wahrheit. Er muß »es« tun, er muß den phantastisch-mechanischen Zirkel* der Selbstbefriedigung öffnen und die Frau in ihn aufnehmen. Er hat davon gehört, gelesen, heute meist auch genügend weiche und harte Pornos im Fernsehen verfolgt, um zu wissen, worum es geht. Aber er weiß es doch nicht, denn es geht auch um eine unvermeidlich werdende Nähe, um etwas, das er nicht mehr von außen beobachten kann, sondern von innen heraus fühlen müßte. Er will es wissen. Er muß es bringen. Die Umstände sind günstig. Endlich ist die Frau bereit. Aber es geht nicht. Es ist innen, unten nichts zu spüren. Es ist alles wie tot.

---

* Die männlichen Wünsche, aus dem störbaren Geschehen der Erektion ein willkürliches zu machen, sichern entsprechenden »Hilfen« – in jüngster Zeit auch dem Medikament Viagra – größte Aufmerksamkeit. »Natürlicher« ist das Mittel der auch in einer Partnerbeziehung heimlich fortgesetzten Selbstbefriedigung, um sich jederzeit und an jedem Ort der eigenen Erektion zu versichern. Viele Männer erleben das als harmlose Privatsache, mit deren Hilfe sie ihre sexuell weniger aktive Frau entlasten. Manche reagieren mit heftigen Schuldgefühlen; es gibt auch Fälle, in denen die eigene Onanie der Partnerin schuldbewußt gebeichtet wird und das Paar schließlich mit diesem Symptom therapeutische Hilfe sucht. Deutliche Schwierigkeiten, Selbstbefriedigung und partnerbezogene Sexualität zu integrieren, wurden bereits beschrieben.

Man könnte sagen, daß die Impotenz eine letzte Bastion der Verweigerung des hysterischen Mannes ist. Aber ihre Ursachen sind vielfältiger, und sie hängen fast immer mit Angst zusammen - Angst, zu versagen, Angst, beschämt zu werden, Angst, sich als bedürftig, als klein und biegsam erkennen zu lassen, nicht gleich groß, stark und hart zu sein, gewappnet für jede Situation, und schließlich der geronnenen Angst von Desinteresse, Libidoverlust, Verachtung.

Impotenz zeigt in der Regel, daß die vorherrschende Erfahrung mit dem Körper der Mutter eine der Anspannung war. Das kann mit der Reinlichkeitserziehung zusammenhängen, die übermäßig gut gelungen ist und jetzt mächtige Schwellen aufrichtet, sich einer Stellvertreterin der Mutter gegenüber der verpönten und beschämten Organe nicht zu schämen. Es kann mit psychischen Einflüssen zu tun haben: Die Mutter hat den Sohn zu ihrem Vertrauten gemacht, sie hat sich bei ihm über den Vater beklagt, hat ihm erklärt, daß dieser brutal sei, sie mißhandle, mit ihr schlafe, obwohl sie blute (manchmal erfindet der Sohn auch solche Mythen, wenn er die Menstruation der Mutter zur Kenntnis nimmt).

Der sozusagen »normal« impotente, hysterische Mann ist keineswegs ein Mann ohne sexuelle Abenteuer. Er will den Frauen gefallen, und es gelingt ihm oft; er erobert viele von ihnen, und er ist so gewinnend, daß sie es ihm großzügig verzeihen, wenn er versagt. Er weiß auch, daß sein Versagen vorübergehen wird. Hat er sich erst an die Frau gewöhnt, hat sie mit ihm eine

Nacht oder einige Nächte verbracht, überrascht er sie mit einer prächtigen Erektion.

Der typische Beziehungszyklus des hysterischen Mannes mit Potenzproblemen sieht so aus:

1. Die Geliebte wird idealisiert, auf Händen getragen, mit Blumen und Briefen überschüttet und schließlich – fast – erobert. Sie tröstet ihn, daß »es« nicht geht, ist besorgt, sogar gerührt: Das ist endlich ein wirklich sensibler und fürsorglicher Mann.

2. Nach einer Weile »klappt« die Sexualität, die Potenz ist grandios, alles scheint in bester Ordnung. Aber von den mehrgipfligen Orgasmen gibt es keinen Weg auf ein Plateau, sondern nur einen raschen Abstieg. Die Idealisierung läßt erst unmerklich, später immer deutlicher nach. Die Briefe werden zur Pflicht, die Intensität der Wünsche der Geliebten erregt Besorgnis und verkrampfte Bemühungen, sie nicht merken zu lassen, daß sie stören.

3. Die Idealisierung schlägt in Entwertung um. Die zuerst begehrenswerte, vollkommene Frau, mit der engste Nähe gesucht wurde, soll einen um Gottes willen in Ruhe lassen! Wenn sie das nicht akzeptiert, ist sie »hysterisch«; ich habe schon Fälle beobachtet, wo ein solcher Mann immer wieder in die Lage kam, Frauen mit Gewalt aus seiner Wohnung zu schaffen, die er noch vor wenigen Wochen grenzenlos bewundert und mit Telefonanrufen überhäuft hatte.* Körperliche oder seeli-

---

* Die Höhe der Telefonrechnung während einer Beziehung scheint ein guter Gradmesser, wie stark die Idealisierungs-Entwertungsme-

sche Mängel werden an der Geliebten entdeckt. Darauf hingewiesen, erklären die hysterischen Männer, das hätte sie schon immer gestört, aber sie hätten es sich eben nicht eingestanden.

Dieser Zyklus kann zur Trennung führen, besonders beschleunigt im Fall des klassischen Don Juanismus, bei dem die Frau bereits nach der ersten Penetration ihre Anziehungskraft einbüßt. Er kann gebremst ablaufen; dann gehen nur wesentliche Bestandteile der Idealisierung verloren, während der Rest bestehen bleibt. Hier geht die hysterische Störung in die Normalität über, in den Übergang von der Idealisierung (Verliebtheit) zu einer alltagstauglichen Beziehung, in der erotische, ökonomische und zärtliche Motive nicht gegeneinander ausgespielt werden, sondern sich ergänzen.

Der Mann verliert beispielsweise das sexuelle Interesse, bleibt aber aus nach wie vor zärtlicher Bindung mit seiner Partnerin zusammen. Die Sorge für Kinder und Komplikationen durch die Reaktion der Partnerin auf die partielle Entwertung treten hinzu. Der folgende Bericht zeigt die Rolle der Traumatisierung in der Entstehung einer heftigen Angst vor erotischer Nähe. Dieser Mann – ich nenne ihn Max – hat nicht nur in seiner Vaterbeziehung keine Stabilisierung ge-

---

chanismen ausgeprägt sind. Wie lange Zeitspannen dürfen verstreichen, ohne den Zwang zu verspüren, sich der Präsenz des anderen zu vergewissern? Telefon und Handy sind technische Errungenschaften, die Reifungs- und Autonomieschritte behindern.

funden, er ist auch von seinen Stiefschwestern mißbraucht worden.
»Meine Mutter ist nach der Geburt gestorben, und weil er nicht wußte, was er machen soll, hat mein Vater ihre Schwester geheiratet. Sie ist zu ihm gekommen mit einem unehelichen Kind, das er adoptiert hat, meiner ältesten Schwester. So hat sie mich großgezogen, die Stiefmutter, und hat mich verdroschen, wenn sie konnte. Dabei hätt' sie sich um ihre Töchter kümmern müssen, nicht um mich. Die waren die Anführer, nicht ich. Mir hat's gegraust, und ich hab viel nur aus Angst gemacht, vor allem vor der Ältesten. Da war ich acht Jahre und sie dreizehn. Sie wollte, daß ich mit ihr mache, was der Vater mit der Mutter macht, aber ich konnte das nicht richtig und sollte doch und hab mich dann so geplagt.
Sie war raffiniert, mit Zuckerbrot und Peitsche, hat mir versprochen, daß ich den alten Wecker vom Vater zum Spielen krieg. Dann hat sie gesagt: Wenn du es jetzt nicht mit mir machst, dann sag ich dem Vater, daß du den Wecker genommen hast, und ich wußte, dann werde ich von ihm verschlagen, und deshalb hab ich es wieder gemacht. Mit den kleinen Schwestern war es ganz harmlos, da hatte ich keine Angst, und es waren einfach Doktorspiele, wie sie jedes Kind spielt, aber die Stiefmutter war wie außer sich, wenn sie was mitgekriegt hat, und ich glaub, sie hätt mich totgeschlagen, wenn ich nicht schneller gewesen wär.
Wirklich verliebt war ich in meine erste Lehrerin.

Sie war jung und sauber und so beherrscht, ich konnte mir nicht helfen, ich wollte sie ganz für mich. Ich hab sie immer provoziert und wenn sie mich dann geschlagen hat, war ich ganz rot im Gesicht und innen schwarz. Ich wollte lieb sein und konnte es nicht. Ich habe meine Banknachbarin gekniffen, wenn die Lehrerin sie gelobt hat. Sie hat dann wieder den Rohrstock geholt, und ich mußte die Hand ausstrecken. Sie konnte kräftig zuschlagen. Tatzen hieß das. Auf jede Hand mindestens eine. Mir sind die Finger angeschwollen. Ich konnte nicht mehr den Griffel halten, mit dem wir auf die Schiefertafeln geschrieben haben.
Als ich sechzehn war, ist mein Vater nicht mehr mit mir fertig geworden, ich hab zurückgeschlagen, bis er hinfiel, es war immer am schlimmsten, wenn er getrunken hatte. ›Du bringst mich noch um‹, hat er geschrieen. Danach hat er mich nie mehr angerührt, aber er hat mich verflucht.
Ich war viel allein. An Frauen hab ich mich nicht hingetraut. Ich hab gelesen, was ich kriegen konnte, über Politik und Religion und Psychologie, ich hab mich für die Emanzipation interessiert, und ich war, glaub ich, der einzige Mann, der schon im ersten Jahr die Zeitschrift Emma gekauft hat. Ich wollte wissen, was die Frauen wollen, und hab mich immer ganz schlecht gefühlt, wenn ich in ein Bordell gegangen bin. Dann hab ich die Dagmar kennengelernt, und sie war so froh, daß ich ganz anders war als der Freund, der sie gerade verlassen hatte, ein ganz herrschsüchtiger, so ein

Macho, der alles bestimmt hat. Ich hab lange nicht mit ihr geschlafen, weil ich nicht so sein wollte wie der, dann bin ich bei ihr eingezogen, und wir haben es damit probiert, es hat aber nie so richtig geklappt. Ja, wir sind immer noch beisammen, obwohl wir schon seit vielen Jahren nicht mehr zusammen schlafen. Sie hat keine engen Freunde, sie verläßt sich ganz auf mich. Am Anfang, wenn wir spazierengingen, hat mir nachher richtig die Hand weh getan, so fest hat sie mich gehalten.

Ich finde es schlimm, daß ich nicht mit ihr schlafen kann. Aber es war nie richtig. Sie war froh, wenn ich fertig war, das ist doch nichts. Manchmal sagt sie jetzt, du magst ja gar nicht mehr mit mir schlafen, das ist doch nicht richtig, aber mehr sagt sie nicht. Es ist einfach nichts da, was mich anzieht, ich kann es nicht, obwohl wir uns prima verstehen und ganz viel zusammen unternehmen.

Am Anfang, da war ich unvorsichtig und hab ihr vorgeworfen, wenn sie nicht richtig Lust hat und mich verführt, dann muß ich zu den Prostituierten gehen, ich brauche das doch auch einmal. Da hat sie geweint und gedroht, sie wirft mich hinaus. Jetzt gehe ich heimlich dorthin. Neulich hab ich nach fast dreißig Jahren eine Schulkameradin getroffen, in die ich mich nach der Lehrerin verliebt hatte, die weiß bis heute nichts davon. Ich hab mich nur zum Kaffee mit ihr verabredet, aber ich wär fast gestorben, ich hab so gezittert, daß ich meine Tasse stehen gelassen hab, und dabei haben wir nur zusammengesessen und sie hat von sich erzählt, und von ihrem Mann, und daß sie sich vielleicht scheiden lassen wird.«

Die starke, aber entsexualisierte Bindung an Dagmar dient Max dazu, eine Lücke zu füllen, die durch den Verlust der Mutter und die gestörte Beziehung zur Stiefmutter entstanden ist. Der Vater ist völlig entwertet und spielt im Unbewußten vielleicht die Rolle eines Muttermörders, mit dem keine Identifikation möglich ist. Sexualität ist sehr schuldbesetzt und extrem bedrohlich, wenn die Frau nicht eindeutig zustimmt und Bindungen oder Schuldgefühle durch die Bezahlung abgewehrt werden. Die Prostituierten schützen Max vor der Wiederholung des sexuellen Mißbrauchs durch seine Stiefschwester und binden ihn gleichzeitig an diese Szene, weil sie für Max immer ein Element des Verbotenen, der Grenzüberschreitung enthalten. Er zahlt und beherrscht dadurch die gefährliche Sexualität, aber er muß und kann sich nicht mit der Dissoziation von Liebe und Sexualität auseinandersetzen. Das weibliche Begehren ohne solche Mittel der Kontrolle und Schuldentlastung würde die kindliche Traumatisierung und Entwertung neu beleben, die fordernde Stiefschwester nicht befriedigen zu können. Die Prostituierten und Dagmar haben gemeinsam, daß sie Max nicht begehren und nichts von ihm wollen, was er ihnen nicht geben kann.

Max' Partnerschaft wird gerade durch das geringe sexuelle Interesse Dagmars stabilisiert; die Bestätigung der eigenen Potenz wird durch Surrogate – die

Besuche bei Prostituierten und den Konsum von Pornofilmen – gesichert. In einer mehrjährigen Gruppentherapie hat Max seine Lebenssituation nicht nur besser verstanden, sondern auch akzeptiert. Er mußte Dagmar und sich selbst nicht mehr entwerten, sondern konnte sich über das freuen, was er aufgebaut hatte.

Können Götter lernen?

> »Die Reaktion der Hysterischen ist eine nur scheinbar übertriebene; sie muß uns so erscheinen, weil wir nur einen kleinen Teil der Motive kennen, aus denen sie erfolgt.«*

In seinem Roman »Der Leopard« schildert Giuseppe Tomasi di Lampedusa ein langes Gespräch zwischen einem Abgesandten der neuen italienischen Regierung und Don Fabrizio, dem Fürsten von Salina. Der Politiker beobachtet mit Sorge, wie Karrieristen und Mafiosi von dem Umsturz profitieren, den Garibaldi in die Wege geleitet hat. Er möchte den Fürsten gewinnen, als Senator nach Turin zu gehen und mit dafür zu sorgen, daß Sizilien endlich von seiner Lethargie und Grausamkeit befreit wird.
Don Fabrizio ist der letzte Leopard, Feudalherr und Intellektueller, ein international bekannter Astronom, ausgesprochen auf seine Würde bedacht, aber zu klug, um den naiven Dünkel seines Standes zu teilen. Statt einer direkten Antwort erzählt er dem Politiker aus dem Norden Italiens eine Geschichte. Garibaldi war

---

* S. Freud, Zur Ätiologie der Hysterie, in: Ges. W. Bd. I. Frankfurt 1950, S. 454.

bereits in Gibilrossa und würde Tage später Palermo erobern, als einige englische Offiziere von ihren Kriegsschiffen aufbrachen, um von einem Aussichtspunkt einen Überblick über die Lage zu gewinnen. Sie klopften bei der Villa der Salinas an, welche die Bucht von Palermo und die umgebenden Gebirge beherrscht, und plauderten auf der Terrasse mit dem Fürsten über die Rätsel der italienischen Politik. Dabei fragten sie, was denn Garibaldis Revolutionäre in Sizilien wollten.
»Sie kommen«, antwortete Salina, »um uns gute Manieren beizubringen. Aber sie werden keinen Erfolg haben, denn wir sind Götter.«*
Ich erzähle diese Geschichte, um ein wenig von der Stimmung zu vermitteln, die den Umgang mit hysterischen Männern beherrschen kann. Angesichts schreiender Widersprüche, offenliegender Probleme und drohender Gefahren wird der hysterische Mann alle guten Ratschläge abwehren. Sie helfen ihm nicht, sie wollen ihn auf Durchschnittsmaß stutzen, wo er doch ein Gott ist – vielleicht ein leidender, ein klagender Gott, jedenfalls aber einer, der es keinem anderen Mann (und keiner Frau) erlauben wird, ihn zu erniedrigen.
Wenn Lampedusa von den Sizilianern spricht, redet er von den hysterischen Männern: ihre Eitelkeit ist stärker als ihr Elend; wer sie in Frage stellt, wird bekämpft, auch wenn sie sich soeben noch in einer na-

---

* Giuseppe Tomasi di Lampedusa, Il Gattopardo. Milano 1959, S. 216.

hezu nihilistischen Selbstkritik ergangen haben. Sie wollen sich nicht bessern, denn sie glauben, perfekt zu sein; was gebessert werden sollte, ist allenfalls die Anerkennung, welche die Umwelt dieser Vollkommenheit spendet.*

Was Therapeut(inn)en jedenfalls den Umgang mit hysterischen Männern sehr erleichtert, ist Selbstironie. Wenn sie bereit sind, bei Heine, Wilhelm Busch oder auch Freud selbst in die Schule zu gehen, werden sie in jedem Fall die ärgsten Fehler vermeiden und nicht viele Stunden damit verlieren, daß sie zu ohnmächtigen Zeugen der Göttlichkeit ihres in Wahrheit geplagten hysterischen Patienten werden müssen, weil sie in einer der Rivalitätsfallen stecken, die solche Männer aufstellen.

Ich kann mich deshalb gut in solche Fehler einfühlen, weil ich sie selbst alle gemacht habe. Einer meiner ersten Patienten war ein hysterischer Mann. Er war sehr deprimiert, weil ihn seine Frau verlassen hatte, und behauptete, sich einer Behandlung auszusetzen, die er überhaupt nicht brauche, die er jedoch seiner Frau versprochen habe, um nicht in seiner nächsten Beziehung dieselben Fehler zu machen wie in der eben zerbrochenen. Damit war die Rede von seinen Fehlern auch

---

* Heinrich Heine sagt Ähnliches:
»Wenn du mich schlägst und wenn du tobst
ich will es gerne leiden,
doch wenn du meine Verse nicht lobst,
laß ich mich von dir scheiden...«

schon erschöpft; was er konkret berichtete, lief immer darauf hinaus, daß seine Frau extrem hysterisch gewesen sei und er sie tausendmal vor den ärgsten Folgen gerettet hätte, um schließlich mitzuerleben, wie sie ihn wegen eines anderen verließ.

Ich geriet recht schnell in die typische Zwickmühle, daß Stunden, in denen wir nicht über eines seiner zahlreichen Probleme redeten, von ihm als banaler Kaffeeklatsch entwertet wurden, während die Stunden, in denen er gar nicht anders konnte, als über ein kränkendes Erlebnis zu berichten, oft in dem Augenblick entgleisten, in dem *ich* die von ihm geschilderte Problematik aufgreifen und untersuchen wollte. Er hatte mir die Szene gewissermaßen in einem verschlossenen Umschlag ausgehändigt. In dem Augenblick, in dem ich versuchte, den Umschlag zu öffnen, fing er hektisch von etwas ganz anderem zu reden an und ließ sich für den Rest der Sitzung nicht mehr davon abbringen.

Meine damalige Supervisorin gab mir einen schlichten Rat, der mir kostbar geblieben ist: Ich solle darauf achten, welche Worte ich verwende. Für solche Männer hätten Begriffe, die ein Psychologe ganz selbstverständlich benützt – Angst, Kränkung, Trauer, Rivalität, Sehnsucht – eine negative Bedeutung. So aufmerksam gemacht, fand ich heraus, daß tatsächlich die Phasen der Analyse, in denen der Patient wie ein Tintenfisch in einer Wolke der Selbstbeweihräucherung untertauchte, immer dann eintraten, wenn ich vorher etwas gesagt hatte, was ich in meiner jetzt geschulten Sensibilität als potentiell kränkend erkannte.

Wenn ich ein Problem aufgriff, wenn ich etwa nachfragte, weshalb er hier seinem Chef nachgegeben, sich dort aus einem ersten Versuch, wieder eine sexuelle Beziehung anzuknüpfen, zurückgezogen habe, dann mußte er anfangen, von seinen Erfolgen zu erzählen. Er nahm die Schwäche, von der er annahm, daß ich sie ihm unterstelle, genau den Augenblick lang wahr, den der Allergiekranke braucht, um seine Symptome zu entwickeln.

Ich hatte etwa nachgefragt, weshalb er sich zurückgezogen habe. Er mußte nach seiner Reaktion verstanden haben, ich hätte ihm unterstellt, er sei ängstlich. Anstatt nun zuzugeben, daß auch er an der allgemeinen menschlichen Ängstlichkeit partizipiere, und sich selbst zu befragen, weshalb er in der beschriebenen Situation gegen seine Interessen zurückgewichen sei, ging er mit den Begriffen »Ängstlichkeit« und »Rückzug« so um, als hätte ich ihm eine unüberwindliche Angst angesichts aller nur denkbaren Gefahren zugeschrieben, ihn also als Memme eingeschätzt. Gegen dieses Urteil, das er mir, da ich es nicht geäußert hatte, auch nicht einfach widerlegen konnte, half er sich nun mit einer breit ausgewalzten Darstellung etwa seiner letzten Fahrt zu mir – er solle schließlich sagen, was ihm einfiel – in der er alle anderen Autofahrer, die träge und langweilig vor einer Kreuzung standen, so geschickt überholt habe, daß er sich gerade in dem Augenblick vor die Schlange setzen konnte, als die Ampel auf Grün schaltete.

Solche Patienten sind ein Prüfstein für die Geltungsansprüche ihrer Therapeuten und insofern sehr lehrreich. Nach drei Jahren Behandlung hatte sich der Zustand meines Patienten sehr gebessert, er hatte eine neue Freundin gefunden, konnte sich beruflich viel besser durchsetzen und litt nicht mehr an einer vorzeitigen Ejakulation, die ihn sehr belastet hatte. Er beendete im Einvernehmen mit mir die Therapie und stellte abschließend fest, er könne nicht sagen, ob sie etwas gebracht habe, er habe eigentlich nichts Neues von mir gehört, aber es gehe ihm besser, und er könne nicht ausschließen, daß das mit den Stunden bei mir zu tun habe. Ich verstand ihn inzwischen ganz gut, und konnte die Entwertung mit Humor nehmen. Es wäre einfach zuviel gewesen, mich als jemanden zu feiern, der ihm wirklich geholfen, der ihm neue Einsichten ermöglicht hätte. Durch die Feststellung, er habe alle meine Deutungen schon gewußt, rettete er seine Allwissenheitsphantasie, die gerade bei Intellektuellen zählebiger ist als die Allmachtsphantasie. Und er kitzelte die entsprechenden Phantasien bei mir. Er war immer souverän geblieben, er hatte alles im Blick und im Griff, keine meiner Interventionen hatte ihn überrascht.

Hysterische Redundanz und »Spiegelung«

Die Strategien der Hysterie richten sich darauf, das (sexuelle) Selbstgefühl zu stützen. Was für das jeweils »beste« Verhalten einer Frau, eines Mannes gehalten wird, »muß man haben«, um so mehr, je weniger die

Realität selbst dafür spricht. Im Alltag lassen sich hysterische Sprachformen in vielen Situationen nachweisen, in denen ein Mensch etwas beteuert, was – wenn er es denn täte – für sich selbst sprechen würde.
Der hysterische Wohltätige gibt dem Bettler nicht einfach die Münze, sondern er stellt fest, daß er ihm jetzt ein Almosen geben wird, gibt, gegeben hat. Das wirkt oft aufdringlich, aber wer dieses Verhalten abwertet, verbaut sich auch einen Weg, es zu verstehen. Er kann die tiefe Unsicherheit nicht erkennen, die sich dahinter verbirgt.
Die ständige Beteuerung gleicht dem Ton-Band, das z. B. Küken und Glucke aufrechterhalten: Das Küken signalisiert der Glucke durch ein feines Piepsen, wo es ist; die Glucke antwortet bzw. »bindet« das Küken durch ihren tiefen Ton; reißt der Sichtkontakt ab, werden die Töne verstärkt, bis er wieder hergestellt ist. Natürlich sind menschliche Bindungen komplizierter aufgebaut, der Stimmführungskontakt der Hühner dient uns hier als Metapher, nicht als Modell. Aber die Beteuerung dient, ähnlich wie der Impuls, dem Liebespartner »immer alles zu sagen«, einer Festigung der Beziehung. Feste Beziehungen müssen nicht dauernd auf diese Weise gefestigt werden; labile durchaus.
Wer ständig sich selbst ankündigt und kommentiert, bezieht sich unter Umständen nicht nur auf einen Liebespartner in der Außenwelt, sondern auf das Idealbild seiner Person in seinem Inneren: Diesem muß, wie den Götterbildern der Römer, ständig Weihrauch gestreut werden, sonst werden sie ungnädig und wissen sich zu

rächen. Wenn beispielsweise ein angehender Therapeut einen Satz damit beginnt: »In der Psychotherapie wird das so gehandhabt...«, dann bestätigt er sich selbst, was an sich klar ist, daß er nämlich Psychotherapeut ist und weiß, was er als solcher zu tun hat. Er könnte es auch einfach tun, seine Aussage ist überflüssig, »redundant«, wie es in der Kommunikationswissenschaft heißt. Aber diese Redundanz wird verständlicher, wenn wir an die Stimmführung des Kükens denken. Der Therapeut, der sich selbst bestätigt, daß das, was er tut, Therapie ist, hält den Kontakt zu seinem beruflichen Ideal aufrecht, das er als wenig gefestigt erlebt. Auch Schauspieler müssen etwas so tun, daß allen Zuschauern möglichst klar wird, was sie tun und was sie dabei fühlen. Während der gute Schauspieler sich die Rolle so gründlich aneignet, daß er in ihr natürlich wirkt, »chargieren« schlechte Schauspieler, d. h. sie überladen ihre Rolle mit Ausdruck.* Die von ihnen geäußerten Affekte sind überoptimal.

Das rechte Maß im Ausdrucksverhalten hängt eng mit dem Selbst- und Weltvertrauen zusammen. Wer genügend gute innere Objekte hat, wird nicht meinen, daß er nur dann verstanden wird, wenn er schreit. Das tut nur, wer sehr schnell am Wohlwollen und an der Aufmerksamkeit der Menschen verzweifelt, die er doch gewinnen möchte. Insofern führt die hysterische Über-

---

* Charge leitet sich von carrus (lat. der Karren) ab, das über caricare (beladen) zu Charge = Last, Amt, dienstliche Stellung geworden ist.

treibung häufig in einen Teufelskreis: Weil der Hysteriker nervt, wird er ignoriert; weil er ignoriert wird, muß er übertreiben und alle an die Wand reden. Es ist die klassische »kannibalische« Urszene: »Wenn du die Brust nicht zurückziehen würdest, würde ich dich nicht in sie beißen«, sagt das Baby. »Wenn du mich nicht beißen würdest, würde ich dir die Brust nicht entziehen«, sagt die Mutter. Und beide werden sich nicht einig, wer angefangen hat, und wer anfangen sollte, diesen Teufelskreis aufzubrechen.

Daher die große Bedeutung der Anerkennung für alle Beziehungen - und die Angst vieler Menschen, andere anzuerkennen, weil sie fürchten, dann als Schmeichler und Schleimer zu gelten. Schmeichler sind Verräter, die Anerkennung spenden, um eigennützige Zwecke zu verfolgen. Aber Anerkennung, Wahrnehmung, Bestätigung sind grundlegende Bedürfnisse, und jede vernünftige Regelung menschlicher Zusammenarbeit wird sie akzeptieren. Der hysterische Mann, der heftig unter seinen inneren Mängeln leidet, weil er sich nicht als durchschnittlich-lebendig, sondern nur als überdurchschnittlich-perfekt akzeptieren kann, benötigt eine grundlegende Akzeptanz, um sich nicht abzukapseln, aggressiv oder entwertend zu werden. Diese muß glaubwürdig sein, und sie soll sich in einer psychotherapeutischen Situation der Werturteile enthalten. Diese Einschränkung ist wichtig. Was im Behandlungsraum völlig in Ordnung ist, kann außerhalb der vereinbarten Therapie unverschämt sein und dazu führen, daß der Therapeut untergeht, wenn er sich nicht energisch wehrt.

In der therapeutischen Technik wird die interessierte, aber nicht wertende Anteilnahme »Spiegelung« genannt. Sie ist ein wesentliches Mittel in allen Behandlungen, vorausgesetzt, sie wird nicht zum zwanghaft praktizierten Ritual. (»Sie haben eine neue Frisur!« »Ihnen ist aufgefallen, daß ich eine neue Frisur habe!«) Wer spiegelt, begleitet den Patienten, aber er überrascht ihn nicht und gibt seinem Weg auch keine neue Richtung. Er rechnet damit, daß der Kranke, wenn man ihm Raum und emotionale Anteilnahme zur Verfügung stellt, seinen Weg selbst finden wird. Dieses Grundprinzip der von Carl Rogers entwickelten »Gesprächstherapie« oder »nicht-direktiven Therapie« greift Elemente der Psychoanalyse auf und verbindet sie mit Erkenntnissen der Lerntheorie. Es ist eine Basiskompetenz in den sozialen Berufen.

Der kleine und der große Hund

Die innere Welt der Hysterie läßt sich so beschreiben, daß es in ihr keine kleinen Probleme gibt, sondern nur Katastrophen. In der Rechtsprechung gibt es den Grundsatz der Verhältnismäßigkeit. Wenn ein Regisseur in einem Film eine hysterische Stimmung erzeugen will, läßt er diesen Grundsatz dramatisch verletzen. Um einen Unbewaffneten zu verhaften, genügen zwei bewaffnete Männer – tauchen aber zwanzig auf, die beim kleinsten Anlaß aus allen Rohren feuern, dann wird deutlich, daß es hier etwas zu vertuschen gibt.

In meinen Therapien greife ich, wenn erst einmal eine gewisse Basis von Humor und Wohlwollen entstanden ist, gerne zu der Metapher von dem kleinen und dem großen Hund. Kleine Hunde kläffen bei dem kleinsten Anlaß, sie fühlen sich ständig bedroht, müssen ständig ihre Wachsamkeit und ihre aggressive Potenz beweisen, reagieren immer sofort und maximal, sie haben – nachdem sie jeden harmlosen Passanten wütend verbellt haben – bei einem tatsächlichen Einbrecher nichts mehr zuzulegen.

Der große Hund hingegen hat es nicht nötig, seine Stärke zu beweisen, er läßt sich durch kleine Anlässe nicht aus der Ruhe bringen, er hebt den Kopf, schaut nach, und legt ihn in den meisten Fällen wieder auf die Pfoten, NAR.* Um so eindrucksvoller ist dann die Reaktion in den Fällen, in denen es wirklich notwendig ist, sich zu verteidigen oder sich durchzusetzen.

Die Metapher vom kleinen und vom großen Hund veranschaulicht das klassische Thema »hysterisches Elend« und »allgemeines Leid«. Gemessen an der hysterischen Überaktivität, der Energieverschwendung durch Selbstbeweihräucherung und der Lebenshemmung durch Vermeidungsstrategien (zu denen auch die Symptome gehören) wirkt es ruhig und souverän, wenn ein Mensch das Leben und sich selbst so annimmt, wie sie eben sind. Aber Vorsicht! Auch darin kann viel Selbst-

---

* No Acting Required. Mit diesem Kürzel soll Robert Mitchum seine Drehbücher dort markiert haben, wo seiner Ansicht nach keine schauspielerische Aktivität notwendig war.

überschätzung stecken, und wenn ich es recht bedenke, verbirgt sich ein Stück Therapeuten-Hysterie in der Metapher vom kleinen und vom großen Hund.

Wer der Metapher noch nicht müde ist, kann sich noch ein Beziehungsmodell damit basteln: Unschwer auszumalen ist die Situation, wenn sich zwei kleine Hunde begegnen. Wenn ein kleiner Hund auf einen großen trifft, kann es geschehen, daß die Ruhe des großen den kleinen beruhigt und er allmählich weniger hektisch droht und kläfft. Es kann auch geschehen, daß der große Hund seine Ruhe verliert und sich schließlich nicht anders verhält als der kleine.

Wenn wir den inneren Zwang hysterischer Männer erkennen, keine Schwäche an sich selbst wahrzunehmen, wird auch verständlich, weshalb Frauen so oft eine männliche Neigung beklagen, nur von sich bzw. ihren Großtaten zu sprechen, sich für nichts außerhalb der eigenen Grandiosität zu interessieren, »nichts an sich heranzulassen«.*

---

* Auch unter Männern kursieren Klischees über Frauen, z. B. daß diese »zuviel wollen«, »zu empfindlich sind«, »keinen Spaß verstehen«, d. h. sich wehren, wenn sie von Männern gekränkt werden, die ihre eigene Verletzlichkeit an ihnen abhandeln. Dahinter stehen Versuche, eine existentielle Abhängigkeit von der Bestätigung durch das andere Geschlecht durch Entwertungen zu kompensieren. Mit Klischees wie »Alle Männer sind Schweine« oder »Alle Frauen sind Gänse« wird die Bedürftigkeit nach einer Bestätigung der eigenen Männlichkeit bzw. Weiblichkeit durch die Entwertung gerade jener Personen kompensiert, nach deren Anerkennung man sich in ungläubiger Hoffnung sehnt.

Es ist leicht auszumalen, wie durch solche (Vor)Urteile gerade das erzeugt wird, was die Kritikerinnen beklagen. Hysterische Männer fühlen sich nur dann genügend stark und vollständig, wenn sie ein Mindestmaß an Anerkennung von der Frau spüren, mit der sie in Kontakt treten. Wenn sie sich von ihr nicht wahrgenommen, mißachtet, sogar kritisiert fühlen, müssen sie kompensatorisch aktiv werden und die von außen nicht gefüllte Männlichkeit sozusagen durch Selbstlob oder Rückzug in das Heldentum des *lonesome cowboy* stabilisieren. Frauen, welche die männliche Bedürftigkeit auch hinter der scheinbar souveränen Fassade erkennen und sich auf sie beziehen, haben meistens auch nicht den Eindruck, daß Männer nur an sich denken und nur von sich reden.

Wenn eine Frau möchte, daß ihr Mann den Müll hinunterträgt, kann sie hoffen, daß er von sich aus bemerken wird, wie der Eimer überquillt und stinkt. Sie wird um so länger warten, je mehr sie fürchtet, sich etwas zu vergeben, wenn sie ihn um etwas so Selbstverständliches bittet.

Wenn der Müll nach zwei Tagen immer noch da ist, wird sie sich entwertet fühlen – so wenig achtet er auf mich und den Haushalt, er ist ein Pascha. Schließlich schreit sie ihn an, daß sie alles im Haushalt machen muß und er gar nichts tut. Jetzt ist er gekränkt und kann sich zu gar nichts mehr bequemen, außer dazu, herauszustreichen, wieviel Geld er für die Familie verdient, wie kaputt er davon ist, wie froh andere Frauen um ihn wären, wie wenig sie es ihm dankt. Der Müll stinkt immer noch, die Partner tun's jetzt auch, jeder dem anderen.

Ich habe dieses banale Beispiel gewählt, weil es in hysterischen Kämpfen immer um »Müll« in dem Sinn geht, daß es in einer alltagstauglichen Beziehung keine ausreichenden Mittel gibt, alles zu entsorgen, was phallischen Ansprüchen nicht entspricht. Ein Mann demütigt sich nicht und leistet seiner Frau Handlangerdienste! Eine Frau demütigt sich nicht und sagt freundlich: »Ich weiß ja, du bist müde, du hast viel gearbeitet, aber könntest du mir den Gefallen tun?«

Eine nicht-hysterische Frau wäre zufrieden, wenn sie ihren Mann dazu gebracht hat, den Müll hinunterzutragen. Der unzufriedenen geht es nicht um den Müll, sondern um ein Prinzip. Die Müll-Frage muß grundsätzlich geregelt werden; sie wird als Paragraph in die Hausordnung aufgenommen und in der nächsten Familienkonferenz diskutiert. Jedesmal dem Mann ein Stückchen Zucker hinzuwerfen, nur damit er etwas so Selbstverständliches tut? Welche Erniedrigung!

Warum geizen hysterische Menschen so sehr mit Anerkennung für andere, während sie sich so sehr danach sehnen, selbst anerkannt zu werden? Es hängt mit der Angst des in seiner sexuellen Reife nicht gefestigten Menschen zusammen, sich etwas zu vergeben, wenn er sich seine kindliche Bedürftigkeit und Abhängigkeit eingesteht. Weil der Hysteriker überoptimal erwachsen sein muß, kann er nicht realistisch sehen, wie sehr gerade das reife menschliche Verhalten darauf beruht, dem unbezwingbaren Kind in uns Existenzrechte zu geben. Was in irgendeiner Form an Abhängigkeit erinnert, muß bekämpft werden. Der phallische Held braucht nichts und niemanden, andere brauchen ihn!

»Wenn du nehmen willst, so gib!« sagte Goethe. Das ist eine Maxime der Genitalität: Wenn ich Anerkennung möchte, gebe ich sie denen, von denen ich sie mir wünsche. Wenn ich aber über dem allgemeinmenschlichen Bedürfnis nach Anerkennung stehen möchte, dann lasse ich mich nicht dazu herab, andere anzuerkennen, ich kritisiere stets ihr Versagen vor meinem Ideal, und leide dann bitter darunter, daß ich selbst so wenig Anerkennung erhalte. Besonders knifflig wird die Situation, wenn der hysterische Mann von vornherein damit rechnet, er werde jetzt wieder entwertet werden, und sofort seine Gegenentwertungen zündet.

Die latente Entwertung des anderen Geschlechts, die hysterischen Männern (und Frauen) so locker sitzt wie den Desperados der Western das Schießeisen, führt zu zermürbenden, energieverzehrenden Kämpfen. Ich weiß nicht, ob die Situation in traditionellen Gesellschaften leichter war; immerhin fehlte damals das Element einer direkten Konkurrenz zwischen Männern und Frauen; Männer konkurrierten mit Männern, Frauen mit Frauen. Heute konkurriert jede mit jedem. Die Gleichberechtigung hat dazu geführt, daß die heterosexuelle Beziehung nicht mehr der konkurrenzfreie Raum ist, der sie nach unseren vorherrschenden Illusionen über die Liebe sein sollte. Aber angesichts dieser Situation werden wir in der Regel nicht bescheidener mit unseren Ansprüchen an das, was Liebe gutmachen kann, sondern häufig genug eher hektischer.

In der Arbeitswelt werden solche Entwertungsmuster heute unter dem Begriff des »Mobbing« diskutiert. Besonders bedürftige Mitarbeiter geraten unter Druck und können Abhängigkeiten nicht mehr anders verarbeiten als durch Entwertung eines Feindes. Es gibt ganze Berufsgruppen, die in einer latenten Entwertungs-Beziehung zueinander stehen. Durch Takt, Vernunft und Führungskompetenz kann auch hier das Ärgste vermieden werden. Aber wo solche Qualitäten fehlen, bricht der Konflikt offen aus. Der Arzt, der auf die Frage einer Krankenschwester damit reagiert, daß er seine Titel und Fortbildungen aufzählt, wäre ein Beispiel für die verborgene Spannung zwischen Medizinern und Pflegekräften; umgekehrt kann auch die Stationsschwester auf eine Frage des Oberarztes hin mit Bemerkungen entgleisen wie: »Ich wußte schon immer, daß man mit Ärzten nicht reden kann.«

Die Therapie hysterischer Männer wird dann möglich, wenn die Entwertungen weder ignoriert noch erwidert werden, mit denen solche Patienten früher oder später ihre Therapeutinnen traktieren. Es beginnt oft schon damit, daß ein eigentlicher Behandlungsauftrag aufgrund der klassischen Kriterien »Leidensdruck« und

»Krankheitseinsicht« nicht auffindbar ist, weil ein phallischer Held Probleme nicht hat, sondern bewältigt, weil er nicht leidet, sondern siegt, und weil er Schwächen nicht einsehen wird, die er energisch verleugnet.

Wenn wir auf einem Ausflug zu einem Gipfel kommen, der uns einen weiten Blick auf die Landschaft ermöglicht, kann es sein, daß wir dort ein Fernrohr vorfinden. Wir werden dann schnell feststellen, ob es ein Rohr ist, das sofort zu dem bereit ist, was seine Aufgabe ist, oder eines, das den Blick erst freigibt, wenn eine Münze eingeworfen wurde.

Diese Unterscheidung veranschaulicht die Abhängigkeit des Hysterikers von Bestätigung: Er kann erst dann funktionieren, wenn er etwas bekommen hat; er ist darauf angewiesen. Die von Hysterikern oft beklagte Depression, die es ihnen so schwer macht, morgens aus dem Bett zu kommen, sich aufzuraffen, irgendeine Arbeit anzugehen, hängt damit zusammen. In der Phantasie des Depressiven ist der heutige Tag »nicht besonders«, er ist ein Teil jener unendlichen Reihe von Tagen, die alle nacheinander anrollen und das Ich schließlich unter sich begraben.

Während anderen das Geschenk des Lebens und der Gesundheit ausreicht, um den Tag anzugehen, weil sie sich auf vitale Befriedigungen – das Frühstück, die Dusche, den Sex – freuen, fehlt dem Hysteriker der emotionale Zugang zu diesen banalen Genüssen. Oft entwertet er sie und jene, die ihnen anhängen.

»Wenn ich diese Leute auf der Straße sehe, dann kotzen sie mich an, denen reicht doch das Fressen und das Ficken zum Leben!« So ein Fünfzigjähriger, der wegen seiner Selbstmordgedanken in die Behandlung kam.

Da in der Konsumgesellschaft Genußfähigkeit ein prestigeträchtiger Wert ist, gibt sich der Hysteriker auch besonders genußfähig; er maskiert seine Lustfeindlichkeit. Als ich den oben zitierten Analysanden mit seiner Entwertung der Sexualität konfrontierte, erntete ich sogleich einen Monolog, in dem er mir seine erotischen Eroberungen schilderte und beschrieb, wie zufrieden seine Geliebten mit seiner Potenz gewesen seien. Ich entschuldigte mich für mein Versehen, fragte aber wieder nach, wie er selbst denn seine Äußerung verstehe und ob ich recht gehört habe, daß es schon etwas Besonderes sein müsse, was er begehren dürfe?

Diese Verleugnungsstrategien machen die Psychotherapie der hysterischen Persönlichkeitsstörung zu einer langwierigen Aufgabe, die das Selbstgefühl der Helfer stark belasten kann und nicht selten daran scheitert, daß diese eigene hysterische Anteile nicht akzeptiert haben und sich daher nicht genügend von ihnen distanzieren können.

Das führt dazu, daß der Therapeut zunächst durch übermäßiges Entgegenkommen - Überziehen der Stunden, Vereinbarung von Terminen in der eigenen Freizeit, lange Telefonate als Krisenintervention ohne Absprache über Termin und Bezahlung - die gefürchtete Entwertung vermeiden will. Der Hysteriker hat ihm eindrucksvoll geschildert, daß bisher alle seine Beziehungen scheitern mußten, weil Eltern, Liebespartner, frühere Therapeuten, Freunde und Lehrer allesamt seinen Wert nicht zu schätzen wußten, ihn mißbraucht und sich auf seine Kosten aufgewertet haben. Jetzt, angesichts seines wundervollen, originellen, einfühlenden, hochmenschlichen Therapeuten sei er aber zuversichtlich, dies alles aufarbeiten zu können.

Wenn der Therapeut für diese Idealisierung empfänglich ist, wird er sich sehr anstrengen. Je mehr er sich anstrengt, desto näher werden ihm innerlich die von dem Patienten verachteten Gestalten kommen. Er muß, spiegelbildlich zum Patienten, das Überoptimale, das Extreme, das ganze Besondere leisten – oder er ist völlig wertlos. Wenn er schon vorher aufzuklären versucht hat, wie realistisch es sei, daß er besser sein könne als Eltern, Geliebte und andere Therapeuten, ist er in einer viel stabileren Position. Aber dazu muß er sich von seiner eigenen Durchschnittsphobie distanziert haben. Und das ist für alle, die den Helferberuf suchen, keine leichte Aufgabe.

Die männliche Mythologie zur Hysterie läuft darauf hinaus, daß es darum geht, etwas zu festigen, den vagierenden Uterus an seinen Platz zu binden, der Frau ihren Ort zuzuweisen, »Halt sagen und Halt geben«, wie eine (Be)Handlungsanweisung lautet, die ich während meines Studiums der klinischen Psychologie in den siebziger Jahren noch öfter hörte. Ihre Quelle vermute ich in dem gleichgeschalteten Institut der Deutschen Seelenheilkunde, das von 1934 bis 1945 in Berlin eine Generation deutscher Analytiker prägte.

Diese metaphorische Richtung der Festigung scheint angesichts der Starre und dem oft blinden Stolz der hysterischen Männer unangebracht. Die Behandlungsziele richten sich eher darauf, nicht mehr in derart extremen Formen an die eigene phallische Haltung gebunden zu sein, nicht mehr zu glauben, daß ein Zulassen von Schwäche uns für immer aus einer Welt der Stärke katapultiert. Während sich die hysterischen Männer diesen Schritt häufig als Durchbruch, als dramatische Anastrophe* vorstellen, entwickelt er sich im Lauf der Therapie langsam, als unmerkliches Wachstum von Geduld, Belastbarkeit, Humor und Selbstdistanz. Hier einige Zitate aus fortgeschrittenen Analysen.

»Früher wäre ich maßlos beleidigt gewesen, daß sich meine Frau gerade an diesem Tag verweigert, und hätte eine Woche lang nicht mit ihr geredet. Diesmal habe ich einfach die Kinder geschnappt, bin mit ihnen baden gefahren und habe mich den ganzen Tag gut amüsiert; am Abend hat sie sich dann entschuldigt, und es wurde eine wunderschöne Nacht.« - »Manchmal wundere ich mich, daß ich immer noch mit S. zusammen bin. Wir haben ja schon Krisen überstanden, da

---

* Als positive Katastrophe sozusagen; im Wortsinn entspricht Katastrophe einer Abwärtsbewegung, Anastrophe einer Aufwärtsbewegung.

hätte man früher nur noch eine Staubwolke in der Ferne von mir gesehen. Irgendwie geht es doch immer weiter, gerade wenn ich völlig hilflos bin und gar nicht mehr weiß, wie es noch gehen soll, vielleicht, weil ich ihr das inzwischen zeigen kann und wir dann gemeinsam eine Lösung finden.«

»Anfangs dachte ich, die Therapie muß mich endlich soweit bringen, daß ich die richtige Frau finden und halten kann. Inzwischen glaube ich aber eher, daß es ein Erfolg ist, wenn ich einen Abend entspannt zu Hause verbringe, meine Papiere ordne und es mir richtig gemütlich mache. Vielleicht ist es wie in dem Witz:* Ich hab die Frau immer noch nicht gefunden, aber es macht mir weniger aus.«

---

* Gemeint ist wohl der Witz mit dem Bettnässer, der nach einem halben Jahr Analyse immer noch ins Bett macht, sich aber nicht mehr darüber grämt.

Vergebliche Liebesmühe

> »Der Eigenart des Psychischen können wir nicht durch lineare Konturen gerecht werden wie in der Zeichnung oder in der primitiven Malerei, eher durch verschwimmende Farbenfelder wie bei den modernen Malern. Nachdem wir gesondert haben, müssen wie das Gesonderte wieder zusammenfließen lassen.«*

Was ist gemeint, wenn von den »phallisch-narzißtischen« Merkmalen der hysterischen Männer gesprochen wird? Der Begründer dieses Konzepts ist Wilhelm Reich, eine schillernde Gestalt, von manchen als genialer Visionär gefeiert, von anderen als Verrückter abgewertet. Reich hat sich von dem psychoanalytischen Establishment abgewandt, als er feststellen mußte, daß seine Selbstdarstellung als Vollender der Sexualtheorie von Freud kritisch beurteilt wurde. Wie bei vielen Therapeuten hängen seine Aussagen über die menschliche Natur stark mit seinen persönlichen Einstellungen zusammen. Ein zentrales Thema von Reichs frühen Spekulationen ist der Unterschied zwischen »phallischer« und »genitaler« Sexualität. Der »phallische« Orgasmus

---

* S. Freud, Die Zerlegung der psychischen Persönlichkeit, Ges. W. Bd. XV. Frankfurt 1950, S. 85.

ist kontrolliert und enthält darin Reste einer neurotischen Hemmung; der »genitale« hingegen ist unkontrolliert und verbindet nach Reichs Auffassung den Menschen mit einer mystisch belebten Natur.

Mit diesem Konzept hat Reich die Zahl der Sexualstörungen (und damit auch die der potentiellen Adressaten seiner Erlösungsarbeit) multipliziert. Nicht nur der Impotente ist gestört, sondern auch der Potente muß sich selbst im Verdacht haben, daß seine orgastische Lust kümmerlich und eingeschränkt ist, weil er noch keinen Zugang zum freien Strömen seiner Lebensenergie gewonnen hat.*

Reichs Unterscheidung zwischen dem »eingeschränkten« und dem »vollen« Erleben des Orgasmus beim Mann greift Freuds Unterscheidung zwischen dem »klitoralen« und dem »vaginalen« Orgasmus der Frau auf. Die moderne sexualphysiologische Forschung erklärt diese Theorie Freuds für Humbug. Dieser ist einer unglücklichen Liebe zur anatomischen Zuschreibung zum Opfer gefallen. Sehen wir in diesem Konzept eine Metapher, hat es durchaus seinen Sinn. Es gibt Frauen, welche die Penetration entwerten und andere, die sie hochschätzen. Menschliche Liebesleidenschaft ist dem Zählen und Messen feindlich. Sexualphysiologen müs-

---

* Reichs Anfälligkeit für Größenwahn hat sich also bereits damals gezeigt; später, als er sich mehr und mehr isolierte und nur noch Gläubige oder Gegner kannte, wurde eine universelle Theorie der »Orgon-Energie« daraus, die für das Wüstenklima ebenso zuständig sein sollte wie für die menschliche Persönlichkeitsentwicklung.

sen von der erotischen Realität nicht mehr wissen als Chemiker von gutem Essen.

Frauen wie Männer erleben immer wieder ganz unterschiedliche »Tiefen« ihres Orgasmus. Die moderne Variante der Unterscheidung Freuds wäre die zwischen dem »experimentellen« (d. h. kontrollierten) und dem leidenschaftlichen (d. h. unkontrollierten) Orgasmus. Der letztere läßt sich im Labor nicht untersuchen – obwohl sich sicher auch im Labor Unterschiede in der orgastischen Intensität messen lassen. Doch wo Messung ist, bleibt in der Regel ein Rest von Kontrolle.

Die Klitoris ist, wie der Penis, das Organ der Selbstbefriedigung. Aber Selbstbefriedigung ist nicht gleich Selbstbefriedigung. Die hysterische Sexualität verleugnet ihren Ursprung aus der Selbstbefriedigung und möchte die ganze Erfüllung an die Aufwertung durch den Partner binden. Insofern zeigt Freuds Konzept vom vaginalen Orgasmus seine eigene Nähe zur Hysterie: das Eindringen des Penis ist das eine und einzige Mittel, durch den reife Sexualität vollzogen werden kann. Dieser Glaube, in dem sich die Reife selbst beweisen muß, drückt die phallische Einstellung aus.

In der erotischen Realität ist gerade das Interesse an der Selbstbefriedigung des jeweils anderen ein unschätzbares Mittel, um das Erlebnis von Gemeinsamkeit zu steigern. Die Profis der erotischen Bilder wissen das längst, und wieder zeigt sich die Delegation an die Frau: Ihre (angedeutete) Selbstbefriedigung gehört inzwischen schon zum Repertoire des durchschnittlichen Erotikfilms; männliche Selbstbefriedigung hingegen ist weit stärker tabuisiert. Hysterische Männer wie Frauen sind oft überzeugt, daß der Sexualpartner, mit dem sie schon viele Jahre eng zusammenleben (mit dem aber die Erotik oft nicht so richtig klappt) ihre heimliche Selbstbefriedigung abstoßend finden muß. Das kann der Fall sein (wenn der Partner oder die Partnerin ebenfalls hysterische Züge aufweist). Aber oft führt ein Gespräch über solche Zusammenhänge zu jenen »Wunderheilungen«, die es auch in der sonst in diesem Punkt zurückhaltenden Psychoanalyse gibt.

Beispiel: »Sie werden es nicht glauben, aber ich habe jetzt nach unserem Gespräch über die Selbstbefriedigung zum ersten Mal einen Orgasmus mit meinem Mann gehabt, und das nach zehn Jahren Ehe. Ich habe einfach nicht mehr soviel Angst gehabt, ihm zu zeigen, wie ich es mache, und er ist ganz begeistert von mir.«

Es ist leicht zu verstehen, weshalb die phallische bzw. klitorale Welt soviel mit der Hysterie zu tun hat. In der Hysterie geht es immer um die Bestätigung, den Beweis, die Sehnsucht nach Vervollständigung. Ein Prototypus des hysterischen Mannes ist der Don Juan, der sich in der Eroberung möglichst vieler Frauen Potenz und Überlegenheit beweist. Don Juan wird zwar in der älteren Literatur - etwa in Mozarts Oper - als Wüstling dargestellt, aber es ist schon in Da Pontes Text ganz deutlich, daß er kein Genießer, sondern ein Getriebener, ein Süchtiger ist, der nie zur Ruhe kommen wird. Er ist an den Phallos gefesselt und zu einer genitalen Beziehung nicht fähig. Die Anforderungen des stabilen Austauschs mit einer Partnerin, der Vaterschaft, ängstigen

ihn, er muß sie vermeiden; sie würden ihm seine Endlichkeit zeigen und ihn in eine Normalität bannen, die er für unerträglicher hält als den Tod.
Wenn es nichts mehr zu erobern gibt, scheint ein Dämon den Hysteriker zu veranlassen, Geborgenheit als Routine zu entwerten und Bequemlichkeit als langweilig abzutun. Die Störungen in der Genußfähigkeit bleiben in der Regel unentdeckt; sie sind im Gespräch mit solchen Männern hinter der trotzigen Entwertung der Partnerinnen verborgen. Alle ehrlichen Männer, tönt es etwa, würden doch zugeben, daß nach dem zwanzigsten Geschlechtsverkehr die Luft draußen sei und etwas Neues not tue, viel zu lange habe man ausgeharrt, viel zuviel Einschränkung hingenommen, viel zu oft nachgegeben, viel zuviel Verantwortung für Haus und Kinder übernommen. Mischen sich mehr depressive Anteile in die Hysterie, dann versuchen diese Männer oft ein Doppelleben. Während sie mit heftiger Angst reagieren, wenn die vertraute Partnerin sich zurückzuziehen droht oder ihrerseits ein Liebesverhältnis beginnt, erobern sie heimlich eine Geliebte nach der anderen und werden doch nicht satt.
Es geht in einer Analyse des hysterischen Mannes nicht darum, die Faszination der Sexualität zu entwerten oder zu leugnen, daß der Eroberung einer/eines Geliebten ein unvergleichlicher Zauber innewohnt. Das kann ebensowenig Gegenstand unserer Überlegungen sein, wie etwa eine Reflexion über Eßsucht mit Feinschmeckerei in Zusammenhang gebracht werden sollte. Es geht in beiden Fällen um die Frage, wie aus einem emotionalen, auf die

Stabilisierung und Mehrung des Lebens gerichteten Geschehen eine Abhängigkeit werden kann, in der Gefühle eher verleugnet werden (wie die zärtliche Bindung beim Don Juan oder die Empfindungen von Appetit und Sättigung bei der Eßstörung) und das Geschehen selbstzerstörerische Qualitäten annimmt.

Ein vierzigjähriger Psychologe kam wegen Depressionen und Herzbeschwerden ohne faßbare Ursache in Psychotherapie. Er fühlte sich von seinen Eltern, vor allem vom Vater betrogen, denn dieser, ein reicher Unternehmer, hatte ihm einmal versprochen, ihm eine Praxis einzurichten, und hat dann dieses Versprechen nicht gehalten. Er hatte Schulden und fühlte sich nach zwei Scheidungen in seiner Beziehungsfähigkeit in Frage gestellt. In seinem Beruf als Eheberater und Sexualtherapeut erlebte er sich überfordert und schwankte sehr in der Einschätzung seiner Arbeit.

Allmählich gelang es ihm, seine äußere Situation zu stabilisieren; er gab seine Versuche auf, den Vater durch eine luxuriöse Praxis zu beeindrucken. Kurz vor einer Sommerpause, die wegen unterschiedlicher Urlaubsplanungen mehrere Monate dauerte, berichtete er sozusagen nebenbei, er habe sich in eine Klientin verliebt, die mit ihrem Mann in seine Praxis gekommen sei.

Nach der Pause waren die beiden ein Paar, die Frau hatte sich unter dramatischen Umständen von ihrem Mann getrennt, er – ich nenne ihn hier Johannes – beschrieb die neue Liebe in glühenden Farben und war für meine Einwände unzugänglich, daß er unprofessionell handle.

In den folgenden Jahren wurde ich Zeuge einer Liebesbeziehung, in der sich nach der anfänglichen Rollenverteilung von »starkem« Therapeuten und »schwacher« Frau bald zeigte, wie sehr sich beide Partner in ihren hysterischen Merkmalen ergänzten und belasteten. In den Zuständen der Harmonie war die Beziehung für den Patienten überoptimal, er idealisierte sie schrankenlos. In den Zuständen des Rückzugs war die Beziehung extrem quälend; der Patient entwertete die Partnerin gnadenlos und hatte sich in jeder zweiten der damals nur noch monatlich verabredeten Sitzungen »endgültig« von ihr getrennt, was mich schließlich zu einem abgewandelten Mark-Twain-Zitat* veranlaßte: »Nichts ist leichter, als mich endgültig zu trennen, ich habe es schon zwanzigmal getan.«
Ich lasse jetzt den Patienten »sprechen«. Ich habe alle Einzelheiten verändert, um eine Identifizierung zu verhindern, und kommentiere den Text in Fußnoten, um das Bild dieses zerrissenen, zwischen Sehnsucht, Wut und Einsicht schwankenden Mannes möglichst greifbar zu machen.
»Ich kann's immer noch nicht fassen, daß ich mich derart getäuscht habe. Obwohl alles dafür spricht, daß sie sich längst an den Nächsten hingegeben hat, kann ich's einfach nicht glauben, will ich die Realität immer wieder ungeschehen machen. Dabei weiß ich längst, daß sie mir nicht die Sicherheit und Geborgenheit geben kann,

---

* »Nichts ist leichter, als das Rauchen aufzugeben, ich habe es schon hundertmal getan.«

die ich brauche – um so mehr erhoffe ich sie mir in ihrem Schoßherzen, um so bedrohter ist meine Heimat in ihr, wenn sie sich einem von diesen Wichsern öffnet. Wieso häng ich derart an dieser Fata Morgana, obwohl doch keine Realität mit ihr ging? Die Zeitungsfrau* hat mir überhaupt nicht gefallen. Der ersten hab ich noch mal eine Postkarte geschrieben und werde auch heute noch mal in der Zeitung suchen. (...) Bekomme ich jemals eine Addi, wie ich sie haben will und brauche? Addi läßt mir offenbar keine Chance mehr. Sie sucht heiter nach dem noch potenteren, alles erfüllenden Pimmel.** Noch dreimal fuhr ich gestern und heute zu ihrer Behausung und hängte meine Zettel an ihre Haus-

---

* Während Johannes große Anstrengungen unternahm, um die Beziehung zu Adelgunde zu kitten, gab er gleichzeitig Bekanntschaftsanzeigen in der Lokalpresse auf. Der Text verrät auch, daß Johannes sehr viel über Beziehungen gelesen hat. Es muß jeden Autor von psychologischen Texten nachdenklich stimmen, hier mitzuverfolgen, wie die Aufklärung über das Irrationale dazu dient, eigene Gefühle nicht zu reflektieren, sondern Begründungen zu finden, um diese gegen andere zu agieren.

** Die eigene Sehnsucht nach einer umfassenden, grenzenlosen, das Selbstgefühl dauernd stabilisierenden Beziehung wird in die Partnerin projiziert und phallisch definiert. Im *Gespräch* mit mir war auch Johannes durchaus klar, daß Addi sich nicht von ihm abwandte, weil er sie sexuell nicht genügend befriedigte, sondern weil er *ihre* Nähewünsche – und damit oft auch sie – entwertete. Aber in der Auseinandersetzung mit ihr und angesichts seiner kaum zu bändigenden Wut, daß sie ihm nicht so zur Verfügung stand, wie er es brauchte, verschwand für Johannes immer jedes Empfinden für seine eigene Verantwortung an Addis Distanzierungen. Er erlebte sich, wie das Kind angesichts der Mutter, als wehrloses Opfer einer übermächtigen Willkür.

Vergebliche Liebesmühe

tür. Wozu noch! Die Grenze der Scham und der Selbsterniedrigung ist erreicht! Wozu will ich noch dieses Weib, die mir soviel aktive Gewalt entgegensetzt?* Vielleicht kann ich einfach nicht annehmen, daß ich sie längst verloren habe? Warum verbeiße ich mich derart in dieses Weib, das sich mir dauernd entzieht? Jetzt habe ich jede Stunde bei ihr angerufen, um zu hören, ob sie schon zu Hause ist. Um 23.30 war sie da, ich legte auf.**

---

* Dieser Phantasie, daß die Frau, die sich dem männlichen Bedürfnis nach aufwertender Erotik *entzieht*, eine Gewalttäterin ist, bin ich bei hysterischen Männern sehr oft begegnet. Ihr Analogon bei hysterischen Frauen ist die Phantasie, daß der Mann, den sie begehren, sich im Augenblick der Annäherung (»wenn ich mit ihm allein bin«) in einen Lustmörder verwandelt. Diese Dynamik kann männliche Gegengewalt, die ja oft genug physisch vollzogen wird, nicht entschuldigen, aber ihren Hintergrund verdeutlichen. Die Täter sind selten Sadisten oder so sozial gestört, daß ihnen alle Aggressionshemmungen fehlen. Sie erleben den Entzug der narzißtischen Bestätigung als »Gewalt« und projizieren ihre eigene Wut in die enttäuschende Partnerin. Johannes erlebt Addi, ebenso wie seine frühere Ehefrau, bereits dann als »gewalttätig« und entwertend, wenn sie ihm gegenüber neutral ist, wenn sie ihn nicht erotisch bestätigt und ihm beweist, daß er ein Mann ist, der Frauen befriedigen kann. Addi ihrerseits hat Johannes gewissermaßen süchtig gemacht; in den »guten« Phasen der Beziehung hat sie ihn überoptimal bestätigt; sie kann nicht verstehen, warum es nicht immer so sein soll.
** Spaltung des Liebesobjekts: Der Patient ruft an, um die »gute« Addi zu hören; erreicht er sie dann tatsächlich, muß er feststellen, daß es ja eigentlich die »böse« Addi ist, er legt auf, um seine kränkende Abhängigkeit nicht mit ihr zu teilen, entwickelt aber gleichzeitig die Phantasie, die »gute« Addi durch eine dramatische Besuchsaktion zu finden.

Und schon überleg ich mir, ob ich nachprüfen soll, ob der Typ bei ihr übernachtet. Aber wozu? Was weiß ich dann mehr? Ich bin mir ihrer auch nicht sicherer, egal ob er jetzt dort ist oder nicht. Ich muß mich wohl damit abfinden, daß diese Frau mir die ersehnte Geborgenheit nicht geben kann, nicht geben will. Ich will sie nicht nur haben, sondern will auch besessen werden, wenn auch noch ein wenig nach meiner Vorstellung.*

Und wieder beginne ich mich Addi zu öffnen! Kann ihren Befreiungsakt verstehen und verzeihen und bin wieder offen für eine Beziehung mit ihr. Nur ob sie sich mir noch mal öffnen kann? Noch klagt sie mich für jeglichen Mangel an, sieht nicht, was sie selbst dazu beiträgt. Und dennoch sehe ich gerade darin eine Chance für uns, daß wir uns - bisher jedenfalls - allen gegenseitigen Verletzungen und Enttäuschungen zum Trotz immer wieder füreinander öffnen konnten: Sicher eine Chance, die nur wenige Paare so miteinander haben, wenn wir auch lernen, die Gefahren zu umgehen. Nur: ob wir jemals die Realität miteinander klarkriegen? Ich bin skeptisch. Zu sehr träumt sie ihren Familientraum! Den ich ihr wohl kaum erfüllen kann. Daran ändern wohl auch meine Eroberungsversuche in Form meiner Briefe wenig bis nichts. Aber eine andere Möglichkeit läßt sie mir nicht. Ein Telefonat mit ihr, Montag mittag, sie träumt nicht nur

---

* In diesen beruhigenden und einsichtigen Sätzen, die freilich immer nur für kurze Zeit vorhalten, wird deutlich, daß Johannes auch über gereifte Ich-Anteile verfügt.

Vergebliche Liebesmühe

von der heilen Familie, nein! Sie phantasiert sogar, noch mal von vorne anzufangen, neue Kinder zu gebären, noch mal eine Familie zu gründen und zu leben!!! Ja, dann ist wohl alles vergebliche Liebesmüh gewesen. Soviel Irrationales* überfordert mich! Macht mich sprachlos!
So, ich hab's geschafft, ich bin morgen vormittag mit Maria verabredet. Dennoch hab ich noch die ganze Nacht Addis Band vollgequatscht und auch heute früh noch versucht, sie zu erreichen, aber sie ist wie immer überall und nirgends, und ich lechze ihr hinterher. Wofür!? Und jede neue Begegnung macht mir Angst, ich hab auch noch nie eine solche Prüfungssituation erlebt, immer ergab sich bisher ein zwangloses Kennenlernen und fast immer gab es etwas an oder in den Frauen, das mich gleich reizte - ich glaub überhaupt, daß ich eher passiv in meiner Höhle sitze, nur ab und zu einen Ausfall wage, aber wirklich erobern tu ich, glaub ich, nicht, das überließ ich bisher weitestgehend den Frauen, ja bin abhängig davon, daß sie mich nehmen.** Ich glaub sogar, daß meine Potenz ausschließ-

---

* Unerschütterlich schreibt sich Johannes selbst die Rationalität zu, seiner Partnerin aber das Irrationale. Seine Wünsche sind vernünftig, die ihren verrückt.
** Auch diese Phantasie ist sehr charakteristisch. Wer sie von den hysterischen Männern erfährt, hat ihr Vertrauen gewonnen und einen Blick hinter die phallische Fassade werfen können. Mit allen Attributen der Männlichkeit überoptimal ausgerüstet - groß, bärtig, breitschultrig, mit Taucheruhr, Jagdgewehr, Motorrad oder Sportwagen

lich davon abhängt, wie sicher ich mich angenommen, ja genommen fühle, was bei den letzten vier Frauen* sehr gut klappte.
Eine liebe und feste Stimme hat sie ja mal schon, diese Maria. Was nützt das gegen meinen Addi-Wahn? Dagegen hilft wohl nur eine real ergiebigere Frau mit etwas mehr Hirn und einem begehrenswerten und begehrlichen Schoßherzensarsch, den sie nicht mit beliebig austauschbaren Pimmeln stopfen muß!** Nur: ob es so einfach ist, neu anzufangen, wie früher? Bis jetzt zeichnet sich meine Beziehung zu Addi gerade durch ihre Unlösbarkeit aus, das ist neu für mich, mal abgesehen von Irene, von der ich auch lange nicht loskam, z. B. bumste

---

ausstaffiert, sehnen sie sich danach, von einer Frau erobert zu werden; eine Partnerin, die ihnen Lust verschafft, ist in ihren Augen weniger wertvoll als die Partnerin, der sie Lust verschaffen können und in deren multiplen Superorgasmen sie sich ihre eigene Potenz endlich selbst glauben können. Auch hier bestehen Parallelen zu Frauen, die ihre eigene körperliche Befriedigung weit geringer schätzen als das Begehren, das sie in einem Mann erregen.
* Jede Äußerung von (Potenz)Schwäche wird sogleich durch Potenzbeweise kompensiert: »Ich bin nicht der Abhängige, nicht der potentiell Verlassene, sondern ich habe schon viele Frauen befriedigt und erregt!«
** Die gesellschaftliche Funktion der Zote spiegelt sich in solchen Textabschnitten: Sie dient, indem sie die Flucht nach vorn in den Abscheu der Mutter hinein antritt, der Bestätigung einer eigenen phallischen Übermacht. Die Mutter ist nicht mächtiger als der Sohn, sie kann ihn nicht erheben und fallen lassen, nein, sie ist austauschbar, verächtlich, ein Stück Fleisch mit Attributen, die der Mann ihm verleiht. Wenn sie doch endlich einsähe und anerkennte, wie überlegen er ist!

ich mit ihr im Sommer 1986 häufiger denn je in den Jahren davor, obwohl ich total in Addi verliebt war, die damals in Frankreich war und erst Ende August zurückkam. Bei Monika und Ingrid war's ähnlich.«*
Aus einer der nächsten Sitzungen: »Samstag mittag ist Addi abgefahren, ohne ein versöhnliches Wort, ohne eine versöhnliche Geste, obwohl ich ihr noch durch halb Deutschland nachgefahren bin bis zur Grenze, um ihr noch eine Gelegenheit zu geben. Aber selbst als sie während einer Reifenreparatur doch noch zu mir ins Auto stieg, gab sie nichts von sich als die totale Entwertung unserer Beziehung: Sie will alles**, d. h. Familie unter einem Dach, den einen Mutterbrustpimmel, der sie restlos ernährt, ihr alles liefert und das am Stück! Ich schrieb doch noch ein paar Zettel voll, Beschwörungsversuche, und redete ihr das Tonband voll, auch mit Zitaten von Fromm und Buber. Aber was nützt's? Wohl nichts, denn sie kann ihr Ideal nicht aufgeben.
Und warum kann ich nicht von ihr lassen? Warum kann ich mir keine andere suchen? Klar hab ich mich kräftig umgeschaut gestern beim Blueskonzert in der Musikkneipe, aber keine reizte mich. Dafür war die Musik

---

* Hier dominieren die Versuche, das Selbstgefühl durch phallische Beteuerungen zu stabilisieren. Johannes legt sozusagen ein Leporello-Register an; er wächst in die Rolle des Mannes, der Frauen untereinander vergleicht und bewertet.
** Dieses »alles«, das hatte Johannes oft von mir gehört, war sein eigener Wunsch, die idealisierte Symbiose, die er ebenso ersehnte wie fürchtete.

toll! Immer noch bin ich in Gefahr, Addi aus Trennungsangst mehr anzubieten, als mir guttut. Zeitweise bin ich auch froh drum, daß sie mein Angebot, hier als Notlösung unterzukriechen, nicht angenommen hat. Aber selbst das war ihr zu wenig. Gleichzeitig macht mich der Gedanke krank, daß sie schon längst sich dem Nächsten hingegeben hat, schon aus Trotz und zum Trost.* Wahrscheinlich habe ich sie längst verloren und will es nur noch nicht wahrhaben. Vielleicht kann ich auch einfach meine Ohnmacht nicht aushalten, daß ich sie nicht halten kann? Mein Größenwahn? Ich schickte ihr gleich zwei Eilbriefe und ein Telegramm hinterher; weiß nicht, ob ich ihr nicht doch nächstes Wochenende hinterherfahre: nur, wozu? Wenn ich sie doch nicht halten kann?«

---

* Aus Trotz und zum Trost, das sind genau die Motive, unter denen Johannes sucht. Und gerade weil er längst eine »bessere« Frau sucht, erbittert es ihn besonders, daß Addi ihm zuvorgekommen sein könnte. Auch dieses Phänomen habe ich oft beobachtet: die entwertete Partnerin, an der ein hysterischer Mann scheinbar längst jedes erotische Interesse verloren hat, wird in dem Augenblick unendlich begehrenswert und mit allen Mitteln zu halten gesucht, in dem sich ein anderer, männlicher Interessent meldet. Solche Qualitäten belegen die Unterschiede zwischen phallischer und genitaler Sexualität: da es im Phallischen vor allem um Beweis, um Wert und Ideal geht, nicht aber um Befriedigung, ist der Verlust des Beweises viel schwerer zu verschmerzen als der Verlust der Befriedigung. Wenn Addi keinen anderen Mann hat, ist bewiesen, daß Johannes im Recht ist; sobald sie einen solchen gewinnt, muß er im Unrecht sein, während der Rivale eben die Wunderleistungen vollbringt, an denen er gescheitert ist.

Eine Sitzung später:
»Am Freitag abend startete ich also gen Spanien. Um drei Uhr morgens legte ich Addi mein Päckchen vor die Türe. Sie wachte auf, sie schlief allein, was mir Hoffnung machte, ich verschwand durch den Wald. Am Morgen - ich schlief dreihundert Meter weiter - war sie weg und ein Zettel am Briefkasten, ich solle sie in Ruhe lassen. Ich fuhr auf den Berg, aber die Wehmut, soviel Schönheit nicht mit ihr teilen zu können, trieb mich wieder runter und heim, aber irgendwie wollte ich ihr noch mal begegnen; ich klebte ihr noch ein paar Zettel an den Briefkasten, malte an jedes unserer Kuschelplätzchen ein Mösenherz auf einen Stein, fuhr dann noch mal eine Runde rings um das Tal und dann zum nächsten Ort am Bach entlang, Richtung Heimat, da stand plötzlich ihr Wagen und ein zweiter am Straßenrand am Bach in der Nähe eines sehr innigen Tatorts, an dem ich auch noch was hinmalen wollte als Beschwörungsformel: Ich wünschte ihr schöne Ferien, strich ihr einmal sanft übers Gesicht und fuhr ab, aber keine dreihundert Meter! Da blitzte es in mir auf: Ich fuhr zurück: der andere! Also doch! Wieder drehte ich um, inzwischen waren sie ein Stück weiter, hatten geparkt, wollten baden gehen. Ich hielt so vehement an, daß ich fast auf Addis Auto rutschte, schimpfte ihr irgendwas entgegen und fuhr dann noch mal zu ihrer Hütte, aß etwas, wollte endlich schlafen, aber schrieb weitere Zettel. Als ich sie ihr brachte, waren sie angekommen, ich legte stumm meine Zettel vor sie hin und ging, sie hinterherrufend, sie wolle mit mir reden, ich

antwortend, ich sei noch eine Weile am Bach, nach einiger Zeit kam sie dann auch; ich schrie fast nur noch, daß es im ganzen Tal dröhnte, bis ich nichts mehr sagen konnte, nachdem sie sagte, sie hätte kein Vertrauen mehr zu mir. Das war die Notbremse! Ich schrie ihr im Weggehen noch entgegen - sie saß immerzu auf einem Stein am Bach, während ich hilflos schreiend umherlief -, daß ihr wohl jeder fremde Pimmel Vertrauen einflöße, wenn er nur potent genug sei. Jeder Satz von ihr traf mich derart, daß ich nur noch ohnmächtig schreien konnte.

Also hab ich ihr noch mal zwei mal acht Stunden Autobahnstocherei, also ca. tausend Mark hinterhergeworfen (mit den Strafzetteln, die noch kommen werden, wird's noch teurer)*. Ich ließ meine Wut an meinen Gegnern auf der Straße und am armen Auto raus, runterwärts, um ihr vor Morgengrauen mein Werk vor die Hütte zu legen und um zu sehen, mit wem sie zusammenliegt, raufwärts, um möglichst schnell heimzukommen und möglichst schnell Distanz zu kriegen. Mir ekelt angesichts solcher Distanzlosigkeit! Jedem Fremden wirft sie sich hin in der Hoffnung, daß er ihr alle Wünsche am Stück erfüllt, während sie mich wegwirft wie ein Stück Dreck. Und ich bin so vermessen, so einer noch hinterherzulaufen, weil ich an sie und uns glaubte! Ich

---

* Johannes imaginiert nicht nur das Auto, sondern auch die Fahrt (Autobahnstocherei) und ihre Kosten einschließlich der Strafzettel für sein Tempo als phallische Geste, die er für Addi und um von ihr bewundert zu werden geleistet hat.

Vergebliche Liebesmühe

kann's nicht lassen, ihr etwas zuzutrauen, was sie nicht kann, aber wonach ich mich sehne! Und doch war vieles davon real! Es war nicht alles Illusion, was ich an ihr hatte! Und das will ich wiederhaben, kann es nicht aufgeben! Was mich noch mehr erschüttert ist der Mann, an den sie sich wegwirft: ein richtiger Wichser!*
Nächste Sitzung:
»Im Moment bemühen sich drei fremde Frauen um mich, die ich von den letzten zwanzig ausgewählt habe:

---

* Ist es ein Widerspruch, daß der Rivale einerseits als allseits potent gefürchtet, andererseits aber als Wichser gering geschätzt wird? Nein, denn in ihn ist das eigene Schwanken zwischen Überschätzung und Unterschätzung der eigenen Potenz, zwischen Verschmelzung und Selbstbezug, zwischen Manie und Depression verlegt. Jeder realistische Blick beweist ja, daß der neue Freund Addis nicht mehr Männlichkeit ausstrahlt als Johannes. Da aber die ganze Beziehung phallisch konzipiert ist, gibt es keine passenden oder unpassenden Bedürfnisstrukturen, sondern nur eine idealisierte Struktur der Männlichkeit, wobei immer der ein besserer Mann ist, der die Frau (Mutter) befriedigt. Im Toben der enttäuschten Männer spiegelt sich die traumatische Erfahrung, mit phallischen Phantasien an der mütterlichen Realität zu scheitern. Die Mutter spielt mit dem Sohn; den Vater nimmt sie ernst. Daher ist der siegreiche Rivale immer auch der Vater; der Verlierer ist ein Spielball seiner Wünsche, das Drama zugleich ungeschehen zu machen und es zu verleugnen. (Die Briefe, Zettel und Geschenke, die Johannes um Addi deponiert, sollen eine magische Funktion erfüllen: sie in die zu verwandeln, die sie sein müßte. Addi real zu sehen, ist unerträglich – jetzt kann Johannes nur noch schreien.) Die gegen den Rivalen-Vater gerichtete Entwertung sucht, ihn auf die gleiche Stufe zu senken wie das kindlich erlebte Ich (»Wichser«). Wenn die leidenschaftlichen Anstrengungen wenig später in Berechnung umschlagen, zeigt sich ein stabilisierendes Strukturelement.

Jede ist auf ihre Art reizvoll und hat ihre Vorzüge. Und in all dieser Verwirrung kann ich nur instinkthaft und gefühlsmäßig wahrnehmen, wie es mir mit jeder geht, um nicht ganz die Orientierung zu verlieren. In all dem Durcheinander und der Unsicherheit halte ich mich am ehesten ans Leibhaftige, wo ich noch einen Rest von Sicherheit finde, weil mich Herz und Hirn oft verwirren, wie ein Wildtier, das Augen und Ohren für die Feinde, die Nase aber für die Artgenossen gebraucht.* Sicher bin ich sehr mißtrauisch und unsicher und scheu und glaube, daß der Grad der erotischen Anziehung mir am ehesten sagt, ob ich mit einer Frau kann oder nicht, ob ich sie riechen kann - vielleicht eine irreführende Meßlatte, aber ich hab wirklich kaum eine andere, trotz aller kritischen Urteilsfähigkeit und Scharfsicht anderen Menschen gegenüber. Der Frau gegenüber, der ich mich öffnen und sogar hingeben möchte, versagt die Vernunft als Prüfmittel. Da verlasse ich mich mehr auf meine Nase, auf meine animalischen Sinne! Ich brau-

---

* Dies scheint mir eine sehr treffende Aussage. Wer viel mit hysterischen Menschen gearbeitet hat - und das kann vielleicht nur jemand, der ein Stück dieser Struktur in sich trägt - gewinnt immer wieder den Eindruck, daß sie mehr als andere unter den künstlichen Umwelten der Industriegesellschaft, deren komplexen Strukturen und schwierigen Ritualen leiden. Sie würden gerne den Kulturprozeß rückgängig machen, der soviel Förmlichkeit, Triebaufschub, Disziplin und indirekte Kommunikation erfordert. Gleichzeitig sind sie Kinder ihrer Zeit und alles andere als Naturkinder: die Sehnsucht nach der Natur und dem Natürlichen ist ja ihrerseits ein Produkt der Moderne und ihrer Befremdungen.

che das sichere Begehren der Frau, ich muß sicher sein, daß sie mich begehrt, und ich glaube, das in wenigen Minuten spüren zu können (bei manchen Frauen reichen dazu Sekunden).«*

In den beschriebenen Szenen zeigt sich der Wechsel von Regressionen in Sehnsucht und in Wut, von durchaus konstruktiven Überlegungen und einer hektisch anmutenden Suche nach neuen Objekten sehr deutlich. Es geht in der hysterischen Sexualität vor allem um das Selbstgefühl, um den Aufbau einer immer als unsicher erlebten Männlichkeit und - man kann es bei Addi vermuten - Weiblichkeit, die durch einen gierigen Zugriff zum Partner diesen immer wieder unsicher macht und vertreibt. Johannes braucht Addis überoptimale Potenz, er beschreibt ihre Orgasmusfähigkeit in glühenden Farben und läßt durchblicken, daß meine vorsichtigen Kommentare gewiß verraten, daß ich eine derartige Frau noch nie gehabt habe. Addi will Johannes ganz haben, die Intensität, die er während seiner Eroberungsversuche verströmt, zur Dauerleistung domestizieren. Ihr wie ihm zerbricht immer wieder die reale Beziehung unter dem Anspruch der narzißtischen Vervollständigung.

In meinem Bericht lasse ich Johannes vor allem aus seiner Kränkung heraus sprechen, um zu verdeutlichen,

---

* Die Phantasie, in Sekunden über Möglichkeit oder Unmöglichkeit einer sexuellen Beziehung entscheiden zu können, ist ein Zeichen für eine streng bewachte Grenze zwischen Freundschaft, Zärtlichkeit und sexueller Leidenschaft.

wie es in solchen Männern während ihrer tiefsten Krisen aussieht. Diese Darstellung wird Johannes nicht gerecht, weil seine Persönlichkeit viel komplexer und reicher ist, als sie in diesen Äußerungen erscheint. Sie reproduziert auch keinen therapeutischen Dialog, sondern den Monolog einer idealtypisch erfaßten Problematik. In früheren Beziehungskrisen war Johannes suizidal; auch in dieser verbrachte er manchmal Stunden damit, sich mit einem Skalpell Warzen und Mitesser »wegzuoperieren«. Heute ist »Johannes« ein nachdenklicher, »durchschnittlich«-glücklich verheirateter Mann, dessen Elend sich zu jenem allgemeinen Leid ermäßigt hat, an dem wir alle teilhaben. Es lastet naturgemäß besonders schwer auf jenen, die damit leben müssen, daß sie in ihrer Biographie viel versäumt haben.

Sicher ist eine Ebene von Johannes' Konflikten »ödipal«. Er war der einzige Sohn zwischen mehreren Mädchen. Seine Mutter litt nach seinen Beschreibungen an einer erstarrten Hysterie. Sie war bigott und wehrte Gefühle, aber auch Familienkonflikte mit frommen Sprüchen ab - »darüber wollen wir jetzt die Hände falten«. Sie kam aus einer baptistischen Sekte und fügte sich zwar in den protestantischen Kodex des Ehemanns, erweiterte und intensivierte ihn aber auch durch ihre hektische Gläubigkeit, in der Frömmigkeit und Gebet zu einem Mittel wurden, die Familie zu manipulieren.

Ich rekonstruiere diese Situation daraus, daß Johannes schon früh immer wieder Ersatzmütter suchte, von denen er in der Behandlung voller Sehnsucht erzählte.

Eine davon war eine einfache Hausfrau im Haus nebenan, bei der er viel Zeit verbrachte. Es machte ihm große Freude, sich vorzustellen, daß diese übergewichtige, resolute Frau ihren Ehemann, einen Polizisten, mit dem Nudelholz verdrosch. Es war nicht klar, ob seine Ersatzmutter das wirklich tat; mir schien aber eindeutig, was er an ihr suchte: eine Frau, die ihre Gefühle von innen nach außen lebt und daher eine eindeutige Orientierung vermittelt. Eine solche Frau war Addi nicht, und seine Mutter war es auch nicht.
Die Mutter erlebte Johannes immer wieder als Verräterin: Er vertraute sich ihr an, glaubte an ein Bündnis, aber plötzlich wußte der Vater doch, was er ihr gesagt hatte und verspottete ihn deshalb. Die Mutter hatte kein Standvermögen, es war kein Verlaß. Während Johannes dieses Bild einer tückischen Verräterin konstruierte, sah ich in seinem Bericht eher uneingestandene Schwäche und Perfektionismus. Wo seine Mutter die gütige Helferin nicht mehr sein konnte, belog sie sich und ihre Kinder, sie sei es ganz besonders.
Die Ehe der Eltern war nicht glücklich. Der Vater zog sich vor der Familie in seine Arbeit und am Wochenende in eine Berghütte zurück. Wenn er Urlaub machte, nahm er seine Sekretärin mit und binnen einiger Tage verwandelte sich sein Hotelzimmer in eine ausgelagerte Kommandozentrale der Firma. Johannes war stolz auf ihn und fürchtete ihn sehr.
Mir ist es immer sehr wichtig, von den Eltern meiner Patienten ein möglichst genaues Bild zu haben und herauszufinden, wie sie das geworden sind, was die Kinder

erlebt haben. Die Ehe von Johannes' Eltern war eine typische Aufsteigerbeziehung: Der Vater kam aus kleinen Verhältnissen, die Mutter aus großbürgerlichen. Solche Verbindungen, die in der modernen Gesellschaft häufiger werden, enthalten eine Disposition zur Hysterie: Um die Partnerschaft aufrechtzuerhalten muß eine Fassade aufgebaut werden; das Überoptimale und das Phallische werden unentbehrlich. Der Vater von Johannes' Vater war Schuster gewesen, dessen einzige nicht von Arbeit ausgefüllte Beschäftigung es war, mit dem heranwachsenden Sohn zu Fuß mehrere Stunden zu einer Ausflugsgaststätte zu wandern und dort einen Teller der dort einzigartig preiswerten und leckeren Spezialität zu verzehren.
Diese Geschichte erzählte der Vater oft. Seine Frau und vor allem seine Kinder erschienen ihm verschwenderisch, er fürchtete, sie würden das von ihm angehäufte Vermögen verschleudern, und schwankte zwischen Geiz und Versprechungen, die Versuche enthielten, aus eben dem Sohn, den er gerade noch als Taugenichts beschimpft hatte, durch große Vatergesten – »ich schenke dir ein Haus, wenn du Examen machst« – noch etwas Besonderes zu machen. Nachher konnte er sich nicht mehr an sein Versprechen erinnern.
Vater und Mutter hatten sich durch eine Anzeige in einer frommen Zeitschrift kennengelernt. Die Mutter stammte aus einer Unternehmersfamilie und war es gewohnt, an ihren Lebensstil Oberschichtansprüche zu stellen; andererseits wollte sie ursprünglich Missionarin werden und definierte sich als Quell unerschöpf-

licher Liebe. Johannes beschrieb manchmal, wie der Vater in die von seiner Frau und den Kindern bewohnte Villa kam, nach einem kurzen Blick auf das gesellschaftliche Leben von Mutter und Töchtern aber das Weite suchte.

Solche Szenen spiegeln Qualitäten, die in der Literatur des ausgehenden neunzehnten Jahrhunderts typisch sind. Ibsen oder Thomas Mann haben sie glänzend erfaßt: die Mühen des Bürgertums gelten dem Streben, Fassaden aufzubauen und funktionsfähig zu erhalten, »Lebenslügen« und »Puppenheime«. In diesen Anstrengungen sind die Szenarien des Verfalls, der Nervosität, der Verleugnung verborgen. Die Begegnung von Mann und Frau ist körperlich und emotional nicht ausgefüllt, sie wird zur Attrappe; zwangsläufig müssen die Sexualpartner im späteren Leben zum Träger von Phantasien werden, welche eine Kompensation der verlorenen Sicherheiten versprechen und - enttäuscht - wenigstens Projektionen des Scheiterns und der Entwertung aufnehmen. Wie Johannes von Addi spricht, wie er versucht, sie gleichzeitig zurückzuerobern, vollständig zu entwerten und Ersatz herbeizuschaffen, das bringt einen Konflikt an die Oberfläche, der bei den Eltern Qualitäten hatte, die Lucien Israel als »erstarrte Neurose« bezeichnet: eine Hysterie, die fixiert ist, sozusagen in Zement gegossen, unverrückbar, ohne Wissen um ihre Konflikte, mit dem Anspruch der Normalität ausgerüstet und daher auch nicht mehr auf einer psychischen Ebene behandelbar.

Diese sozial erstarrte Hysterie läßt sich bei den Eltern

von Johannes so beschreiben, daß jeder von ihnen Regressionsneigungen überkompensierte und dadurch teilweise kontaktunfähig, für die Kinder unberechenbar wurde. Diese Situation scheint Johannes besonders heftig getroffen zu haben, da er sich am Vater orientieren wollte, um ein Gegengewicht zu der überwältigenden, aber in ihrer Bigotterie nicht faßbaren Präsenz der Mutter zu haben.

Die wenigen Szenen, in denen der Vater weder perfektionistisch noch abweisend bzw. nicht vorhanden war, hat Johannes auch in geradezu rührender Intensität aufgegriffen und verinnerlicht: die väterliche Leidenschaft für die Berghütte führte dazu, daß er als Student ein fanatischer Bergsteiger wurde; weil der Vater gerne Waldspaziergänge machte, lernte der Sohn die Namen aller Bäume und Pflanzen auswendig, um ihm zu imponieren.

Aber in den meisten Situationen konnte der Vater den Sohn nicht genügend schützen und ihm nicht helfen, zu einem realistischen Umgang mit den eigenen grandiosen Ansprüchen zu finden. Er blieb lange Zeit an überoptimale Sehnsüchte gebunden, die schnell in dramatische Entwertungen umschlugen.

Johannes' Geschichte ist auch unter einem anderen Aspekt sehr lehrreich: Sie zeigt, wie mühsam es ist, Einsicht in Veränderungen umzusetzen. Solange wir uns eine Veränderung unseres Verhaltens nur vorstellen oder uns belehrende Texte oder gute Ratschläge vorhalten, können wir verleugnen, daß es uns Schmerzen abverlangt, sie zu vollziehen. Jede Veränderung kostet ihren Preis. Die Bezauberung durch die Einsicht liegt auf einer ähnlichen Ebene wie die Bezauberung durch die anziehenden Aspekte eines potentiellen Partners. Die Umsetzung der Einsicht entspricht dann der realen Nähe, in der wir auch damit umgehen müssen, daß ein realer Partner nicht nur unsere Wünsche erfüllt, sondern eigene Wünsche anmeldet; daß er nicht nur unsere Werte teilt, sondern von uns verlangt, auch die seinen zu akzeptieren. Wenn Johannes heute in einer stabilen Ehe lebt und mit seiner Partnerin alt werden möchte, dann ist das sicher nicht nur darauf zurückzuführen, daß er Einsichten umsetzen kann, sondern auch darauf, daß seine neue Partnerin anderes in ihm weckt als Addi.

Männliche Hysterie und Helfer-Syndrom

Außenstehende sind schockiert, wenn Menschen, die viele Kompetenzen haben und durch hohes Leistungsethos beeindrucken, plötzlich aus ihrer Rolle fallen, einen Ladendiebstahl begehen, sich sexueller Übergriffe verdächtig machen, kurz moralisch in einer Weise anfällig sind, die man ihnen nie zugetraut hätte. Solche Ereignisse können uns jedoch zeigen, daß ethische Strukturen niemals ganz verläßlich sind. Es ist eine Illusion, sie seien fest wie Stein und Eisen. Noch weniger richtig ist die Meinung, sie würden sich im Verlauf der Lebensgeschichte festigen. Im Gegenteil: Sie werden durch das Alter, durch nachlassende Abwehrleistungen des Ichs gegenüber den Trieben und durch Kränkungen geschwächt, die dazu führen können, daß der bei seiner Beförderung zu kurz gekommene Amtsrichter beim Einkauf im Supermarkt eine Flasche Cognac in seine Tasche steckt.

Goethe, einer der genialsten Beobachter der Hysterie (und selbst in eindrucksvoller Weise betroffen), hat eine Maxime geprägt, die im bürgerlichen Zeitalter oft zitiert und selten in ihrer Tragik erkannt wurde: »Was du ererbt von deinen Vätern hast, erwirb es, um es zu besitzen.« Der Dichter spricht hier vom Übergang der traditionellen zur individualisierenden Gesellschaft: Es genügt nicht, ein Erbe anzutreten und zu tun, was vorgegeben ist; die bürgerliche Rolle muß in aktiver Anstrengung aufgebaut werden. Nur so kann sie sich den beschleunigten Veränderungen anpassen.

Angesichts ihrer Kinder werden viele Eltern kindisch. Sie wollen ihnen unbedingt geben, was sie nicht hatten, und sie gleichzeitig zwingen, zu erreichen, was sie nicht erreicht haben. Die Folgen sind verwirrende Mischungen aus Verwöhnung und Verfolgung; Johannes war, als ich ihn kennenlernte, ein fast vierzigjähriger Mann, der noch nie soviel Geld verdient hatte, wie er ausgab, aber gleichzeitig davon träumte, seinen Vater durch eine glänzende Karriere weit zu übertreffen.

Männliche Hysterie und Helfer-Syndrom hängen zusammen. Für den hysterischen Mann, der sich seine eigene Potenz nie selbst wirklich glauben kann, sondern sie immer beweisen muß, ist die Rolle des Arztes, des Heilers und Lehrers verführerisch. Sie verspricht

ihm eine stabile phallische Erfüllung: Er kann, ohne den Verlust seiner Überlegenheit zu fürchten, in andere Menschen eindringen, sie heilen, belehren, überzeugen, sie sich verpflichten und in jedem Fall einen Teil seiner eigenen Abhängigkeit von narzißtischer Bestätigung in Autonomie verwandeln, weil er (z. B. als Arzt) viele Patienten hat, während die Patienten doch nur einen Arzt haben. Sobald ein Patient das Sprechzimmer verläßt, wartet der nächste; der Arzt braucht zwar die Patienten ebenso wie sie ihn, aber er kann sich viel stärker immer wieder die Austauschbarkeit der anderen beweisen und dadurch die Phantasie der eigenen Austauschbarkeit abwehren.
Johannes zeigt in seinen zotigen Flüchen über die imaginierten Liebhaber Addis, wie sehr *er* für die Geliebte der einzige sein muß, in seiner parallel laufenden Suche nach einer (oder vielen) Ersatzgeliebten, wie wichtig es ihm ist, Addi zu einer jederzeit Ersetzbaren zu machen.
Es ist kein Zufall, daß die Beziehung von Johannes und Addi aus einer Sexualberatung hervorging. Ich greife im folgenden auf eine frühere Arbeit zu Abstinenzverletzungen während einer Behandlung oder Beratung zurück.*
Hysterische Therapeuten sind verführbar. Sie machen sich selbst Illusionen über ihre phallischen Fähigkeiten,

---

* W. Schmidbauer, Wenn Helfer Fehler machen. Reinbek 1997. Im folgenden beziehe ich mich öfter auf die Kapitel 12 und 13 dieses Buches.

und können deshalb schlecht erkennen, daß eine Patientin, die ihre Illusionen bestätigt, durch eine reale sexuelle Beziehung eher verwirrt und verletzt als magisch geheilt wird. Da sexuelle Befriedigung ein starkes Mittel gegen Ängste ist, wird sie gesucht, um die Angst zu binden, welche durch das drohende Scheitern einer Therapie, durch das Risiko des Zusammenbruchs hochgespannter Erwartungen entstehen würde. In dieser Situation greifen die sexualisierte Übertragung der Patientin und die Kränkbarkeit des narzißtisch gestörten Therapeuten wie zwei Zahnräder ineinander. Der sexuelle Übergriff hilft beiden, erste Signale einer Krise zu betäuben, die in jedem Fall gekommen wäre, durch das sexuelle Agieren aber unlösbar wird.

Nach meinen Beobachtungen wiederholt sich in solchen Abstinenzverletzungen hysterischer Therapeuten eine gestörte Mutterbeziehung. Sie haben fast immer eine Mutter erlebt, die mit ihrem Schicksal als Frau hadert. Sie ist nach dem Modell des kannibalischen Narzißmus an einen Mann gebunden, den sie entwertet. Sie lebt asexuell und sucht den Sohn als einerseits von ihr idealisierten, andererseits abhängigen Partnerersatz. Die Mutter ist manchmal verfügbar, manchmal ganz nahe; dann aber, für den kleinen Jungen unberechenbar, wieder sehr ferne und abweisend. Sie beteuert ihm, er könne sie glücklich machen, und läßt ihn dann an ihrer Unzufriedenheit scheitern. Eine so entstandene Unsicherheit des Selbstgefühls, die sich in heftigen Versagensängsten ausdrückt, wird dadurch verstärkt, daß der Vater entweder ganz fehlt oder von der Mutter und den Kindern vorwiegend als bösartiger Störenfried erlebt wird, dem alles Wesentliche in der Familie verheimlicht werden muß. Das bedeutet, daß die Kinder der gestörten Mutterbeziehung in hohem Maß ausgeliefert sind. Sie reagieren damit, daß sie ihrerseits nach maximaler Kontrolle enger, emotionaler Bindungen streben. Die Wahl des Therapeutenberufs enthält einen Versuch, diese Situation zu verarbeiten. Aber wenn die professionelle Haltung nicht stabil genug ist, droht bei den hysterischen Helfern immer die Gefahr, daß sie angesichts einer Frau, die als Patientin* nur wenig Angst auslöst, dem Versuch nicht widerstehen können, die frühen Szenen aufzugreifen und erneut durchzuspielen.

Therapeuten können ihre eigenen Störungen während ihrer Ausbildung oft verheimlichen. Wenn sie intelligent sind, gelingt es ihnen, ihre Lehrer durch ihre Fähigkeit zu täuschen, sie zu idealisieren. Sie funktionieren dort, wo sie einem gleichstarken und abgegrenzten Gegenüber begegnen – also in Lehrtherapie und in

---

* Es gibt – seltener – auch die sexuelle Beziehung zwischen (hysterischer) Therapeutin und einem Klienten. Sie ist ebenso unprofessionell, aber anscheinend weniger traumatisch für den Mann, während die Therapeutinnen oft sehr belastet und schuldbewußt reagieren. Ich habe bisher fünf Fälle genauer kennengelernt; viermal haben die Männer die Therapeutin wieder verlassen, weil sie »zuviel« von ihnen wollte. Seit April 1998 ist der Mißbrauch des Vertrauensverhältnisses in einer Therapie zur Aufnahme sexueller Beziehungen strafbar. Ungeklärt bleibt, ob auch jene Fälle verfolgt werden, in denen das Behandlungsverhältnis vorher beendet wurde.

der Supervision – auf einem höheren Niveau und wirken deshalb reifer, als sie es schwächeren oder weniger abgegrenzten Personen gegenüber sind.

Ehrgeiz und Hysterie

Ehrgeiz, Selbstüberschätzung und die Neigung, alle Mitmenschen, die dem eigenen Ego nicht huldigen, für entweder töricht oder neidisch zu halten, sind keine späten Entgleisungen eines ursprünglich guten und bescheidenen Menschenkindes. Im Gegenteil, die Bescheidenheit, die Rücksichtnahme, das Verständnis für andere Positionen als die eigene sind spätere Zutaten, die auf komplizierten Anpassungs- und Einsichtsprozessen beruhen. Als tiefere Schicht bleibt unter ihnen die archaische Grandiosität erhalten. Sie kann, wenn sie unbewußt bleibt und nicht in einer bewußten Auseinandersetzung verarbeitet wird, jederzeit das vernünftige Ich übertölpeln.
Wenn ein Mensch sich mehr Macht und Einfluß wünscht, als das andere tun, dann kann dieses Motiv verschiedene Wurzeln haben. Um die Entgleisungen und die Torheiten der Mächtigen besser zu verstehen, ist es sinnvoll, diese Wurzeln einzeln zu betrachten. Eine erste ist die ursprüngliche narzißtische Grandiosität, die unter manchen Familienumständen besser erhalten bleibt als unter anderen. Ein Kind, das Verständnis für seine Machtphantasien erlebt, das in ihnen nicht tief gekränkt, sondern behutsam auf die rea-

len Schranken gegen ihre Verwirklichung hingewiesen wird, kann sein Selbstbewußtsein besser aufrechterhalten als ein zur Bescheidenheit beschämtes oder geprügeltes.

Am problematischsten erscheint eine Entwicklung, die sich sehr häufig in der Psychoanalyse seelisch gestörter Helfer ergibt. Hier ist die Grandiosität der kindlichen Allmachtsphantasie nicht durch Einfühlung der Eltern gemildert und schonend in ein realistisches Selbstbewußtsein übergeführt worden, sondern sie mußte defensiv ausgebaut und übersteigert werden, um ein durch elterliche Ansprüche, übermäßige Kritik oder auch gesteigerte Bedürftigkeit der Eltern beschädigtes Selbstbewußtsein zu stabilisieren. Statt mit realen Erwachsenen identifiziert sich das Kind in diesem Fall mit einem Idealbild, dem alle die Schmerzen und Kränkungen erspart bleiben müssen, die es in einem unerträglichen Übermaß erlebte und vor deren Wahrnehmung es sich durch Verdrängungen geschützt hat.

Während das Selbstbewußtsein an sich geschwächt und labil bleibt, wird das Geltungsbedürfnis kompensatorisch übersteigert. Der Wunsch, in jeder Situation Erfolgserlebnisse und narzißtische Bestätigung zu ernten, ist unersättlich geworden. Die realen Erfolge des gestrigen Tages haben heute schon wieder jeden stabilisierenden Effekt für das Selbstbewußtsein verloren. Die defensive Grandiosität gleich einem aufgeblasenen Ballon: die kleinste Verletzung der geblähten Haut führt zum Zerplatzen, zu einem völligen Kollaps, nach

dem fieberhafte Anstrengungen unternommen werden müssen, den Schaden zu reparieren.
Bezeichnenderweise wird die Reparatur nach dem Prinzip »mehr vom selben« vorgenommen, d. h. in diesem Bild durch ein noch heftigeres Aufblähen eines noch dünnhäutigeren Ballons.
Nun ist die Entwicklung des Menschen nicht abgeschlossen, wenn er die gröbsten Probleme der Frühphase bewältigt hat: die ödipale Triangulierung, die Bereitschaft, Vater und Mutter als getrennt von ihm, als begrenzt, als gleichzeitig gut und böse, gewährend und versagend zu erleben. Manche psychoanalytischen Modelle geben das zwar vor, aber sie tun das eher aus dem Wunsch, komplexe Situationen auf einfache Faktoren zu reduzieren, um sie überschaubarer zu machen.
In Wahrheit wird die Entwicklung einer Person ebenso in der Pubertät und Adoleszenz geprägt wie in der frühen Kindheit. Hier werden Haltungen erworben, in denen sich aus den früheren Erfahrungen, der Rezeption äußerer Einflüsse - etwa aus Büchern, Filmen, aus dem Umgang mit Schulkameraden, aus Begegnungen mit Freunden - etwas ganz Neues formt. Der Jugendliche kann sich beispielsweise entscheiden, »ganz anders« zu werden als sein Vater. Er kann sich dabei einen Lehrer oder den Vater eines Klassenkameraden zum Vorbild nehmen.
Hier machen sich die ersten Rückkopplungsvorgänge bemerkbar, welche Störungen des Selbstgefühls so sehr festigen und verstärken können. Wer sein Bedürfnis, ganz anders (viel besser) als die realen Eltern zu

werden, übersteigert, der wird auch unter den realen Menschen seiner adoleszenten Welt niemanden finden, der ihn begeistert. Das heißt, er muß sich mehr und mehr an imaginäre Vorbilder binden, die ihrerseits seine Realitätsorientierung und mit ihr seine Chancen schwächen, in einer Auseinandersetzung mit der Wirklichkeit sein Selbstgefühl zu stabilisieren. Der so gestörte Jugendliche schwankt dann zwischen dem grandiosen Empfinden, besser zu sein als alle Menschen, die er kennt, und der depressiven Verzweiflung, daß alle anderen Lob und Freundschaft finden, während er selbst viel weniger Anerkennung erntet als die Dummköpfe und Langweiler um ihn.

Wir können aus diesen Gesichtspunkten eine grobe Einteilung der Ehrgeizthematik treffen: Sie kann entweder durch eine schonende, von Einfühlung und realistischer Selbsteinschätzung bestimmte Umwelt erhalten worden sein, oder aber einen deutlichen Mangel an solchen Erfahrungen kompensieren. Im ersten Fall, nennen wir ihn den des primären Ehrgeizes, hat der spätere Helfer sowohl Freude an seinen gegenwärtigen Leistungen und der aus ihnen resultierenden Anerkennung, wie auch den Wunsch, weiterzukommen, mehr Erfolg, mehr Anerkennung zu haben. Da er seine Erfolge »speichern« kann, ist er auch in der Lage, Frustrationen zu überbrücken. Er kann die professionellen Ziele festhalten, auch wenn die Verführung groß ist, sich Phantasien hinzugeben, er könnte beides haben: Erfolg als Helfer und Erfolg als Sexualpartner. Denn gerade das »verspricht« der hysterische Therapeut seiner Klientin (oder die hysterische Klientin dem Therapeuten, oder beide einander): daß die sexuelle Beziehung die »gewöhnliche« Therapie in eine Turboheilung verwandeln wird – vielleicht sogar mit dem Wink, daß im anderen Fall die Therapie als ebenso wertlos verworfen wird wie Männlichkeit/Weiblichkeit der Beteiligten.

Wer seine Grandiosität trotzig gegen beschämende Entwertungen und quälende Gefühle verteidigen mußte, wie z. B. nicht genügend geliebt und anerkannt zu sein, der paßt sich an Leistungsforderungen nicht deshalb an, weil er auch dann Freude an seiner Arbeit hat, wenn sie nur gelingt, aber unspektakulär bleibt. Er muß sich *immer* verbessern und darf sich nie wirklich in der Gegenwart erholen, allenfalls in der Zukunft, wenn ihm der nächste Erfolg, die nächste, noch größere Bestätigung endlich das ersehnte Selbstvertrauen, die erhoffte Ruhe bringen. Stillstand ist Rückschritt, die Brücken hinter ihm sind verbrannt, er kann nur vorwärts gehen oder abstürzen.

Beispiel: Der Leiter einer Psychodramagruppe beginnt nach Abschluß der gemeinsamen Arbeit ein Verhältnis mit einem Gruppenmitglied. Sie ist erheblich jünger als er, ihr Onkel hat sie mißbraucht, sie traut keinem gewöhnlichen Mann, es muß schon ein besonderer sein. Er argumentiert pseudovernünftig – er will seine Ehe nicht gefährden, er liebt sie, aber eben anders als seine Frau, er will keine feste Bindung, er kann ihr nichts versprechen. Andererseits ist er aber doch eifersüchtig, will sie halten, gönnt sie keinem anderen Mann.

Vergebliche Liebesmühe

Die Lebensgeschichte dieses Therapeuten ist von heftigem Ehrgeiz und sehr widersprüchlichen Tendenzen geprägt. Er ist früh von zu Hause ausgerissen und als Schiffsjunge um die Welt getrampt, er war ein halbes Jahr in einem buddhistischen Kloster und hat dann zwei Studien gleichzeitig mit Auszeichnung abgeschlossen. Er spielt fast konzertreif Klavier, jobbt neben seiner Arbeit als Leiter einer Beratungsstelle als Barpianist und organisiert im Dom seiner Heimatstadt Konzerte, an denen er sich als Dirigent und an der Orgel beteiligt. Was er tut, ist immer ‚von quälendem Ungenügen begleitet; er verachtet alle Spießer, seine Wohnung entspricht jedoch den allerbürgerlichsten Edelstandards, er ist tief religiös und kann sich der Faszination seines sexuellen Agierens nicht entziehen. Seiner Partnerin gegenüber fühlt er sich schuldig und behauptet dann mit einem Verschwörerlächeln »von Mann zu Mann«, wer einige Monate mit einer Frau geschlafen habe, der wisse doch schon alles und mache es nur noch aus Routine. Er habe zwar seine Frau gern, aber die Geliebte sei schlechterdings unglaublich im Bett, ein Orgasmus jage den anderen, man könne es stundenlang mit ihr treiben. Dennoch habe er in letzter Zeit oft an Selbstmord gedacht, er sei ein Schwein. Die Geliebte sei leidenschaftlich, wenn er komme, und entwerte ihn wütend, wenn er gehe. Sie habe ihn neulich angespuckt, darauf habe er die Kontrolle verloren und sie geschlagen. Jetzt sei alles aus, sie habe ihn zwar nicht angezeigt, aber er dürfe sie nicht wiedersehen, er hoffe nur, daß es kein anderer Mann mit ihr schaffe.

In der Literatur über sexuellen Mißbrauch in der Therapie wird manchmal mit klagender Geste gesagt, daß längere Berufsarbeit und hohes professionelles Ansehen, wie es Lehranalytiker genießen, nicht vor solchen Entgleisungen schützen. Ich würde dem entgegenhalten, daß starker Ehrgeiz und rascher Aufstieg eher *für* als *gegen* eine solche Gefährdung sprechen. Der hysterische Mann gleicht jenen archaischen Knochenfischen, die keine Kiemen haben und daher ständig schwimmen müssen, um nicht zu ersticken. Wenn es irgendwo nichts mehr zu erobern, keine besondere Geltung mehr zu erwerben gibt, dann müssen eben die Schwierigkeiten, in deren Lösung er sich die eigene Geltung bestätigen kann, von ihm selbst produziert werden.
Eine aussichtslose, verwegene, nach den Einsichten professioneller Normalität unmögliche Sexualbeziehung »zu schaffen«, das übt einen mächtigen Reiz auf jene Personen aus, die in ihrer sexuellen Entwicklung unbewußt auf der phallischen Stufe verharren. Es ist ja nicht so, daß sie nicht wüßten, worauf sie sich einlassen, wie gefährlich es für sie werden kann. Aber gerade darin, das Unmögliche zu begehren und es vielleicht durchzusetzen, liegt der Reiz. Mit Sexualpartnern zu verkehren, die mich begehren und die mir das Gesetz erlaubt, das kann jeder. Aber der Therapeut (für die Patientin), die Patientin (für den Therapeuten), der Priester im Zölibat, der Politiker im Scheinwerferlicht, der Alkoholiker, der Junkie, das sind Herausforderungen, das sind Aufgaben, die sich lohnen, an die sich sonst keine(r) wagt.

Vielleicht ist jetzt ein erster Eindruck über das Dilemma der männlichen Hysterie im Helferberuf entstanden: *Ohne* die Komponente der kindlichen Allmachts- und Größenvorstellung wird der Helfer nicht aus der Sicherheit der Anpassung heraustreten und nichts Ungewöhnliches riskieren. *Mit* ihr ist er gefährdet, den Kontakt zur Realität zu verlieren und allen Menschen, die ihm folgen, zu schaden. Wer kein Risiko eingeht, nicht einmal auch das scheinbar Unmögliche wagt, wird nur wenig bewegen. Wer aber chronisch sich selbst überschätzt und die Widerstände der Umwelt bagatellisiert, wird Gefahr laufen, seine und die Ressourcen seiner Patienten zu vergeuden.

Wenn ein Mann bisher Verläßlichkeit, kritisches Denken und Respekt vor Sachzwängen bewies, garantiert das keineswegs, daß er sich weiterhin so verhalten wird, wenn er niemanden mehr über sich hat. Gibt es Möglichkeiten, das vorauszusehen? In begrenztem Umfang gewiß. Zunächst wäre es wichtig, die *ganze* Lebensgeschichte des Betreffenden zu kennen. Hat er sich bereits früher in solchen Situationen merkwürdig verhalten? Weist seine Biographie unerklärte Brüche auf? War er in untergeordneter Position zufrieden und ausgeglichen, oder hat er erkennen lassen, daß er die tieferen Sprossen der Karriereleiter nur als lästiges Hindernis erlebt? Hatte er zu seinen Vorgesetzten eine reife Beziehung, in der Anerkennung und Kritik gleichzeitig möglich waren, oder neigte er dazu, Gruppen zu spalten und »gute« Chefs zu idealisieren, ihnen zu schmeicheln, alle ihre Schwächen zu verleugnen,

»böse« Vorgesetzte aber zu verleumden und kein gutes Haar an ihnen zu lassen?

Die Hysterie der Hysterie

Eine Unterscheidung zwischen hysterischen und nichthysterischen Personen läuft immer Gefahr, von dem infiziert zu werden, was sie diagnostizieren will. Das Raster ist zu grob, der Unsicherheiten sind zu viele, die Entwicklungsmöglichkeiten in beiden Richtungen spielen eine zu große Rolle, um anders als mit den Mitteln der Hysterie - Idealisierung und Entwertung, Übertreibung und Rückzug - Sicherheit herzustellen. Es muß bewußt bleiben, daß auch hier Mischungen nicht nur möglich sind, sondern sogar überwiegen. Derselbe Mensch kann in einer Situation vernünftig handeln, Zwischentöne wahrnehmen, den Boten und die Botschaft unterscheiden, während er in einer anderen Situation - unter Schock, unter chronischem Streß - nur noch Zustimmung akzeptiert und jeden wie seinen Todfeind behandelt, der ihm etwas sagt, was der eigenen Meinung nicht entspricht.

Das Wissen um solche Störungen kann nicht immer helfen, mit ihnen sogleich angemessen umzugehen. Was die Entscheidung so erschwert, ist die Unsicherheit darüber, ob die Vernunft des Betroffenen nur zeitweise außer Kraft gesetzt ist und sich wieder in ihr Recht setzt oder ob die narzißtischen Mechanismen die Oberhand gewonnen haben und die Vernunft allenfalls berechnend eingesetzt wird, um den destruktiven Idealisierungen den Weg zu bahnen.

Im ersten Fall ist es sinnvoll, abzuwarten und Verständnis für die Kränkung anzubieten; im zweiten hilft nur die Demonstration bzw. auch der Einsatz einer Gegenmacht, um wenigstens den Schaden möglichst gering zu halten. Solche Entscheidungen sind gewiß nicht leicht. Es ist einfach, sich später klüger zu dünken, aber sehr schwierig, sich zu einem frühen Zeitpunkt der schmerzlichen Wahrheit über das Ende des Gewährenlassens und der Zugeständnisse zu stellen und sozusagen die Polizei einzuschalten.

Es ist für den narzißtisch reifen Menschen nur sehr schwer zu erkennen, daß der in diesem Punkt Unreife dazu neigt, lieber sich selbst und alles, wozu er Zugriff hat, zu zerstören, als einzulenken und sich einer kränkenden Realität zu beugen. Selbst in Liebesbeziehungen, wo wir dem Irrationalen großen Spielraum lassen, erschrickt der sozusagen normale Mensch angesichts eines Paares, das lieber den beide treffenden Ruin in Kauf nimmt, als eine vernünftige Einigung, die als unzumutbare Kränkung erlebt wird. Während wir die Hoffnung nie aufgeben sollten, daß die Verhandlungsbereitschaft und Vernunft eines Beteiligten den anderen zugänglicher macht, müssen wir immer auch mit der argen Variante rechnen, daß der ursprünglich konziliant und vernünftig auftretende Partner, wenn er seine guten Absichten entwertet und mißbraucht findet, sich das destruktive Verhalten eines Gegners zu eigen macht, den er vor kurzer Zeit noch unmenschlich fand.

Wer seine Bedürfnisse nach Bestätigung und Kontakt in seinem Alltag, durch Freunde, Sexualpartner oder Kinder abdecken kann, reagiert besonnen auf die verführerische Qualität, welche dem idealisierenden Angebot von Seiten einer Klientin innewohnt. Wer sich hier im Mangel fühlt, greift eher nach allem, was sich bietet. Allerdings ist die Unersättlichkeit unserer Wünsche nach Zuwendung und Bewunderung ein Teil der conditio humana; das Erstaunen, wenn äußerlich wohlverheiratete Männer ihre wirtschaftliche und soziale Existenz in einer Liebschaft riskieren, gehört zu einem naiven Menschenbild.

Es ist einfach, vom Schreibtisch her ohne Trieb- wie Handlungsdruck dafür zu plädieren, vorausschauend zu handeln, auch in Therapie- bzw. Liebesdingen (der Unterschied zwischen beiden vermischt sich in den angesprochenen Situationen). Solche guten Worte werden nicht zuletzt deshalb so oft ausgesprochen, weil sie so selten wirksam sind und häufig eher die Funktion haben, das Gefühl der (Selbst)Gerechtigkeit beim Ratgeber zu stärken als die Verwirrung des Betroffenen zu erleichtern. Mir scheint, daß es wichtig ist, früher anzusetzen, vor allem in einer Arbeit an der Selbstkritik und Selbstdistanz der Helfer, noch bevor sie sozusagen Gefahr laufen, über die eigenen Größenvorstellungen zu stolpern.

Die Helfer-Kultur ist in sich gespalten und widerspruchsvoll. Einerseits, eben am Schreibtisch, wird betont, wie wesentlich es ist, Fehler machen zu dürfen und über Fehler offen sprechen zu können. Auf der anderen Seite erlebt jeder, der unter Kollegen, die er nicht sehr gut kennt, eben dieser Verpflichtung nachgeht, wie beliebt es ganz unabhängig von diesem Dogma ist, das eigene Selbstgefühl dadurch aufzubessern, daß dem Fehlerhaften vermittelt wird, dem Kritiker könne niemals geschehen, was er da verbockt hat. Wer selbstbewußt ist, wird dennoch seine Fehler eingestehen und seine Kritiker kritisieren, und er wird auch erleben, daß sich diese zurückziehen und er unerwartete Sympathisanten findet.

Aber – zynisch gesagt – wer, der wirklich ein festes Selbstvertrauen besitzt, wählt den helfenden Beruf? Es gibt sicher Ausnahmen und die Bedingungen dieser Berufsentscheidung sind so vielfältig wie andere auch. Aber die potentiell konfliktträchtige, irrationale Komponente dieser Motivation ist doch die, daß ein primär unsicheres Selbstgefühl dadurch stabilisiert wird, Abhängigkeit und Bedürftigkeit nach außen zu delegieren. Wer davon träumt, ein großer Helfer zu sein, signalisiert deutlich, daß er sich nicht eingesteht, wie verwundbar er ist und wie sehr auch er sich Liebe wünscht, ohne etwas dafür tun zu müssen – aber auch zu *können*. Der künftige Helfer träumt davon, etwas zu erwerben, was er von seiner Person abspalten kann, was er nicht *ist*, sondern das er *hat* und mit dessen Hilfe er Liebe und Aufmerksamkeit gewinnt.*

---

* Diese Motivationsschicht wird natürlich durch viele andere Einflüsse überformt, z. B. den sicheren Arbeitsplatz, die interessante Tätigkeit, das Vorbild Nahestehender, religiöse Überzeugungen usw.

Man könnte sagen, daß der hysterische Helfer, weil er mehr als andere unsicher ist über die Liebenswürdigkeit seiner Person, sich ein zusätzliches Mittel wünscht, um Liebe zu erwerben oder, wenn das nicht gelingt, wenigstens die emotionalen Beziehungen zu kontrollieren, die er eingeht. Das heißt auch, daß er sich in der glückenden Interaktion mit einem Schützling manisch, grandios und überlegen fühlt, während ihn umgekehrt die scheiternde Interaktion depressiv stimmt und ihn mit Gefühlen der Wertlosigkeit erfüllt.

Ich würde hier die Funktion des Helfens ähnlich sehen wie die Ausübung der Kunst für den Künstler. Auch der Künstler verfügt ja über ein Mittel, soziale Zuwendung durch eine Art selbstgebastelter Prothese zu erwerben, auch er fühlt sich im Gelingen des Werks und in der Erfüllung der mit diesem verknüpften narzißtischen Phantasie überlegen und unangreifbar, erkauft diesen Überschwang aber durch akute Depressionsgefahr, sobald die Anerkennung seiner Kreativität nachläßt oder er selbst an ihr zweifelt. Dann sehnt er sich, wie es Goethe im »Faust« verschlüsselte, nach dem Leben von Philemon und Baucis, muß aber erkennen, daß er deren friedliche Hofstatt längst niedergebrannt hat.

Freilich sind solche Offenheit und der einfühlende, konstruktive Umgang mit Fehlern nicht leicht zu haben. Sie würden zwar dazu beitragen, daß sich kleine Grenzüberschreitungen nicht zu großen steigern und der Druck, den der Täter von Seiten der

Kollegen spürt, nicht sadistisch an das Opfer weitergegeben wird. Aber sie setzen auch voraus, daß es Freiräume innerhalb der Professionen gibt, die dann enger werden, wenn sich die Konkurrenz im Dienstleistungsbereich verhärtet.

Die Hysterie des Genius

»Von den drei Mächten, die der Wissenschaft Grund und Boden bestreiten können, ist die Religion allein der ernsthafte Feind. Die Kunst ist fast immer harmlos und wohltätig, sie will nichts anderes sein als Illusion. Außer bei wenigen Personen, die, wie man sagt, von der Kunst besessen sind, wagt sie keine Übergriffe ins Reich der Realität.«*

Während die international führenden französischen Ärzte der zweiten Hälfte des neunzehnten Jahrhunderts gegen Sydenham und die englische Schule die Hysterie zur Frauenkrankheit umdefinierten, benützen die Künstler derselben Epoche die Diagnose ohne Scheu, um sich mit ihren eigenen Zuständen auseinanderzusetzen. Jacqueline Carroy hat dokumentiert, daß im neunzehnten Jahrhundert viele Künstler entweder sich selbst als Fälle von Hysterie beschrieben oder in ihren Werken männliche Hysteriker darstellten. Die Diagnose wird manchmal humoristisch gewendet, drückt aber auch tragische Situationen aus, - »die

---
* S. Freud, Über eine Weltanschauung, Ges. W. Bd. XV. Frankfurt 1950, S. 173. Die dritte Macht, die gegen die Wissenschaft streiten könnte, ist laut Freud die Philosophie.

schreckliche Hand der Hysterie griff nach meiner Kehle«, schreibt Charles Baudelaire angesichts eines armseligen Clowns auf einem Fest, der - erschöpft und gebrochen - keine Zuschauer mehr anlocken kann.*
In »Fusées« notiert Baudelaire, er habe seine Hysterie »mit Lust und Schrecken kultiviert«. Er verbindet sie mit einem Abgrund, an dessen Rand er sich immer bewegt habe, in der moralischen wie in der physischen Welt.**
Bei Flaubert hat Jacqueline Carroy über ein Dutzend Textstellen gefunden, in denen er von seiner Hysterie spricht. Flaubert war ein großer Briefschreiber - auch das verbindet ihn mit Freud - der seine geistigen und körperlichen Widersprüche immer wieder als »hysterisch« stilisiert, etwa mit Formulierungen wie, er leide an »les hystèries d'ennui«, »hysterischer Langeweile«, von der er geistig und körperlich gebrochen sei.*** Er nennt sich einen alten Hysteriker, beschreibt den »Kloß« und den »Nagel«, und erwähnt, daß er während

---

* Micale 1995, a.a.O., S. 241.

** Journaux intimes, in: Œuvres complètes, ed. C. Pichois. Paris 1975, Bd. 1, S. 86. Kurz vor seinem Tod im Alter von sechsundvierzig Jahren an den Folgen eines Schlaganfalls schreibt Baudelaire an seinen Freund Sainte-Beuve, nachdem ihm mehrere Ärzte nicht helfen konnten und einer seinen Zustand »hysterisch« nannte: »Bewunderst du ebenso wie ich den flexiblen Gebrauch dieser großen Worte, gut gewählt, um unsere Unwissenheit über alle diese Dinge zu verbergen?« Baudelaire, Correspondance, ed. C. Pichois. Paris 1973, Bd. 2, S. 583, zit. n. Micale 1995, a.a.O., S. 241.

*** Brief vom 8.4.1852 an Louise Colet, Correspondance, Œuvr. Compl. Bd. 13, S. 179, zit. n. Micale 1995, a.a.O., S. 243.

der Arbeit an »Salammbô« alles gelesen habe, was er an medizinischen Texten zur Hysterie finden konnte. Anders als Baudelaire nimmt Flaubert die Etikettierung durch einen Arzt als »hysterisches Weib« nicht tragisch, sondern mit Humor. Beide halten hysterische Leiden für einen Preis, den der Künstler für seine Identifizierung mit den Produkten seiner Phantasie bezahlen muß.

Solche Thesen liegen im Europa des Fin de siècle in der Luft. 1886 veröffentlicht der Journalist Augustin Galopin ein Buch mit dem Titel »Les hystériques des couvents«. Er greift in den Kampf zwischen den Neurologen und den Gynäkologen ein, von denen jede Gruppe die Hysterie in ihr Gebiet ziehen möchte. Eine gynäkologische Monopolisierung des Leidens bekämpft er energisch mit dem Argument, es gäbe mehr Hysterie unter den Männern als unter den Frauen, und dies gelte vor allem für Dichter, Schriftsteller, Musiker, Schauspieler und (in einer heute selten gewordenen Distanz zur eigenen Profession) Journalisten. Ursache dieser neurotischen Belastungen seien die gesteigerte Sensibilität und der Druck, ständig die eigene Phantasie anzuspannen, um schöpferisch zu bleiben.*

Während die weibliche Hysterie moralisierend und abwertend gemeint ist und die betroffenen Frauen sozusagen unterhalb einer gesellschaftlichen Norm des Weiblichen ansiedelt, werden die hysterischen Männer positiv dargestellt. Sie *sind*, was die hysterischen

---
* Micale 1995, a. a. O., S. 246.

Frauen mit Hilfe ihrer Lügen und Schaustellungen gerne *wären*: etwas Besonderes. Den Mann adelt seine Hysterie; die Frau erniedrigt sie. Der Mann wird hysterisch, weil er seine Phantasie zu genialen Leistungen anspornt, um den Fortschritt weiterzutreiben; die Frau ist hysterisch geblieben, weil es ihr nicht gelang, ihre atavistische Natur den zivilisatorischen Forderungen unterzuordnen. Noch in Freuds »Studien über Hysterie« finden wir die These in abgewandelter Form, daß die hysterischen Frauen in ihrer Neigung, die Sprache körperlich zu nehmen (»Stich ins Herz«, »Schlag ins Gesicht«, »etwas nicht schlucken können«), einer primitiven Vor-Sprache folgen.*

Die Theorie Freuds, daß Hysteriker an einem Konflikt zwischen Trieb und moralischem Ideal leiden, siedelt das Leiden zwischen Kunst und Wissenschaft an, eine Verortung, die sich im neunzehnten Jahrhundert in zahlreichen zeitgenössischen Stellungnahmen dokumentieren läßt. In einem Nachwort der »Studien über Hysterie« stellt Freud verwundert (und ein wenig ironisch) fest, daß sich seine Berichte wie Novellen lesen würden, ihnen der ernste Charakter der Wissenschaft fehle, obwohl der Autor doch ebensogut wie andere unter Neuropathologen erzogen worden sei. Er entschuldigt sich, so gut er kann: psychologische Schilderungen, wie man sie üblicherweise vom Dichter zu erhalten gewohnt sei, würden die Entstehung des Leidens genauer dokumentieren als medizinische Er-

---

* S. Freud, Studien über Hysterie, Ges. W. Bd. I., S. 251 f.

klärungen vom Schlag der »Degenerationstheorie« Charcots. Im Gegenteil: Hysterische Patientinnen seien feinfühlender und oft begabter als der Durchschnitt; sie zeichne auch eine »über das weibliche Ideal hinausgehende Selbständigkeit ihrer Natur« aus, die sich »in einem guten Stück Eigensinn, Kampfbereitschaft und Verschlossenheit äußert«.*
Mit dieser latenten Idealisierung der Hysterie setzt Freud eine heute vergessene Tradition der Idealisierung von psychischer Krankheit als Signal von Genialität fort, die im ganzen neunzehnten Jahrhundert eine große Rolle spielte und erst im zwanzigsten Jahrhundert von den erstarkenden psychologisch-psychiatrischen Professionen abgeschafft wurde. In der psychologischen Forschung wurde »genial« ein Wort für einen besonders hohen Intelligenzquotienten, d. h. für besondere Geschwindigkeits- und Genauigkeitsleistungen im Lösen vorgefertigter Aufgaben. Es stellt sich immer wieder heraus, daß nach diesem Muster »geniale« Menschen besonders sportlich, tüchtig, angepaßt und gesund sind; alles andere wäre auch wirklich verblüffend gewesen.
Micale hat in seinen Forschungen zur Geschichte der Hysterie die Arbeiten von Lanoaille de Lachèse aufgegriffen, der in einer Reihe von Veröffentlichungen zwischen 1884 und 1886 in einer der bekanntesten medizinischen Zeitschriften, der »Gazette des Hopiteaux«, den Ausdruck »Tarassis« für »männliche Hysterie«

---

* S. Freud, Studien über Hysterie, Ges. W. Bd. I., S. 227.

prägt und nach Schilderungen einiger klinischer Fälle weit ausholt, um unter anderen Cäsar, Sokrates, Mohammed und Rousseau als hysterische Männer zu identifizieren.*

Freud war 1885 in Paris; es ist anzunehmen, daß er diese Artikel gelesen hat. Nach dieser modischen Theorie ist das künstlerische Talent eine Form der Hysterie; es beruht auf einer Anomalie des Gehirns. Genialität wird folgerichtig mit einer doppelten Hysterie – und einer doppelten Anomalie – identifiziert. Die pathologischen Quellen der Genialität sind seither ein Lieblingsthema der Psychiater; die ihre Zunft dadurch aufwerten wollen.

Während den Frauen die Diagnose der Hysterie auferlegt wird und sie bis zum Beginn der feministischen Kritik an dieser Etikettierung wenig Möglichkeiten haben, sich gegen sie zu wehren, greifen männliche Künstler vor der Jahrhundertwende begierig und freiwillig nach diesem Wort, um ihre Ausnahmequalitäten zu betonen, ihre überlegene Sensibilität, ihren artistischen Individualismus, ihre Bereitschaft, bis zum Äußersten zu gehen.

Elaine Showalter hat als zentrales Beispiel der männlichen Hysterie eine Novelle des englischen Dichters Robert Louis Stevenson zitiert: »Dr. Jekyll and Mr. Hyde«. Ein Paradigma der Vorwegnahme Freudscher

---

* Lanoaille de Lachèse, Troubles de l'âme et du corps chez l'homme dans les temps modernes et dans l'histoire. Paris 1886, vgl. Micale 1995, a. a. O., S. 248.

Positionen zur Hysterie, entwickelt sich die Geschichte entlang einer Theorie des unterdrückten, gierigen Bösen im Hintergrund einer Helfer-Existenz. Der Arzt Dr. Jekyll, ein reiner Menschenfreund und Wohltäter, hat ein Mittel entwickelt, das Menschen in ihre dunkle Seite verwandelt, in das, was in jedem verborgen (engl. hide = verbergen) steckt – gierig, jähzornig, ein Triebtäter und Totschläger. Showalter vermutet homoerotische Neigungen und eine unglückliche Ehe im Hintergrund dieser Erzählung, in der es keine Heldinnen gibt.*

In den Forschungen Freuds, die das Bild der Hysterie im zwanzigsten Jahrhundert prägen, vereinigen sich beide Strömungen, die Idealisierung der kreativen, genialen, außerordentliche Sensibilität versprechenden Hysterie des (männlichen) Künstlers und die Dokumentation der klinisch bedeutungsvollen, durch Verständnis und Einsatz des (männlichen) Arztes heilbaren Hysterie der Frau. Freuds Ausgangspunkt ist seine eigene Hysterie, aber er kann sich von ihr distanzieren und sie in wissenschaftliche Formen umgestalten, indem er seine Erkenntnisse zunächst als Beobachtungen über Frauen, dann als Deutungen von Träumen darstellt.

Ohne Freuds ganz persönlichen Zugang und seine Selbstanalyse wäre die Psychoanalyse keine fesselnde Kulturtheorie geworden, sondern ein bald veraltetes

---

* E. Showalter, Sexual Anarchy: Gender and Culture at the Fin de Siècle. New York 1990, chap. 6.

Stück Neuropathologie. Freuds Innovation in der Hysterieforschung beruht darauf, daß er einen bisher den Künstlern vorbehaltenen Zugang in der Medizin durchsetzte. In allen medizinischen Theorien des neunzehnten Jahrhunderts gehört die Hysterie den anderen, den Gestörten, und damit auch ganz überwiegend den Frauen. Nur die Künstler sehen sich als Ausnahme und werden als Ausnahme wahrgenommen; für Baudelaire, Flaubert und andere ist Hysterie ein Zeichen, daß ein Mensch sich selbst in Frage stellen, seine Gefühle wie etwas Befremdliches wahrnehmen und beschreiben kann.

»Der Hauptpatient, der mich beschäftigt, bin ich selbst«, schreibt Freud am 14. August 1897 an Wilhelm Fließ. »Meine kleine, aber durch die Arbeit sehr gehobene Hysterie hat sich ein Stück weit gelöst. Anderes steckt noch. Davon hängt meine Stimmung in erster Linie ab. Die Analyse ist schwerer als irgendeine andere. Sie ist es auch, die mir die psychische Kraft zur Darstellung und Mitteilung des bisher Gewonnenen lähmt. Doch glaube ich, es muß gemacht werden und ist ein notwendiges Zwischenstück in meinen Arbeiten.«*

Freud beschreibt in den Fließ-Briefen detailliert seine hypochondrischen Zustände, seine Eisenbahn-Angst und seine Hoffnungen auf »die Lösung der eigenen Hysterie«.** Wegen einer heftigen Herzneurose verzich-

---
* S. Freud, Briefe an Wilhelm Fließ, Frankfurt 1986, S. 281.
** S. Freud, Briefe an Wilhelm Fließ, 3. Oktober 1897, a. a. O., S. 289.

tet er – einem Rat von Fließ folgend – auf die geliebten Zigarren, verspricht dem Freund sogar, nie wieder zu rauchen, fühlt sich dann aber so elend, daß er seinen Schwur bricht. Er spricht von seiner Hypochondrie und spekuliert häufig über das Alter und die Ursache seines Todes – »daß ich noch 4-5-8 Jahre an wechselnden Beschwerden mit guten und schlechten Zeiten leiden und dann zwischen 40 und 50 an einer Herzruptur schön plötzlich verenden werde; wenn es nicht zu nahe an 40 ist, ist es gar nicht so schlecht«. Solche Äußerungen verraten, wie wenig sich Freud vorstellen konnte, alt zu werden. Wie als Gegenleistung wendet er sich immer wieder liebevoll-besorgt den Kopfschmerzen von Fließ zu; in den nicht erhaltenen Briefen des Freundes müssen hypochondrische Phantasien ebenfalls eine große Rolle gespielt haben. Die abstruse Theorie über die universellen »Perioden« von Mann und Frau, die Freud als grandiose Entdeckung seines Freundes feiert und durch Beispiele aus seiner Familie zu untermauern sucht, läßt sich gut als Rationalisierung hypochondrischer Ängste verstehen.

Ein zentrales Symptom von Freuds Hysterie waren depressive Gefühle. Sie tauchen schon in den »Brautbriefen« auf, wo Freud auch eine geläufige Lösung solcher Verstimmungen bei Männern verrät: die Helfer-Rolle. Am 28. August 1883 schreibt der Siebenundzwanzigjährige an Martha:
»Mein teures Mädchen!
Ich kam heute ganz ratlos zu meinem Patienten, woher ich die nötige Teilnahme und Aufmerksamkeit

für ihn nehmen würde; ich war so matt und apathisch. Aber das schwand, als er zu klagen begann und ich zu merken, daß ich hier ein Geschäft und eine Bedeutung habe. Ich glaube, ich habe mich nie wärmer um ihn angenommen, nie mehr Eindruck auf ihn gemacht; es ist so ein Segen in der Arbeit. Und nun bin ich wohl und gesammelt; ich werde mich strenge halten, um nicht wieder in solche allgemeine Schwäche zu verfallen, das Bewußtsein der gesammelten Bereitschaft ist doch das Höchste, was der Mensch in sich finden kann.«*

Freuds Selbstanalyse

Freud beschreibt hier, wie ihn die Verlagerung eines eigenen, depressiven Zustandes in den Patienten, den er behandelt, von diesen belastenden Gefühlen befreit. Fünfzehn Jahre später klagt Freud in einem Brief vom 31. August 1898 aus Aussee an Fließ:
»Teurer Wilhelm!
Ich reise heute Mittag mit Martha an die Adria, ob Ragusa, Grado oder sonst was, soll sich unterwegs entscheiden. ›Sein letztes Hemd soll man verkaufen und ein reicher Mann sein dafür‹, sagt ein exzentrisch scheinender, aber weiser Spruch. Das Geheimnis dieser Ruhelosigkeit ist die Hysterie. In der Untätigkeit ohne fesselnde Neuheit hier hat sich die ganze Angele-

---

* E. L. Freud (Hsg.), Sigmund Freud: Brautbriefe. Frankfurt 1968, S. 35.

Die Hysterie des Genius

genheit mir drückend schwer auf die Seele gelegt. Meine Arbeit kommt mir sehr entwertet vor, die Desorientierung komplett, die Zeit, von der wieder ein rundes Jahr ohne greifbaren Fortschritt in den Prinzipien vergangen ist, als inkommensurabel mit den Zeitforderungen des Problems. Dazu ist es die Arbeit, auf deren Gelingen ich meine bürgerliche Existenz gesetzt habe.«*

Während die frühen, von Heldenverehrung geprägten Biographien Freuds seine Selbstanalyse als definitive Befreiung von neurotischen Ängsten ansehen**, ist die Realität komplizierter. Freud blieb - auch in seiner eigenen Einschätzung - ein keineswegs von Ängsten und anderen neurotischen Erscheinungen freier Mensch. Daß er sich recht freimütig zu dieser Tatsache bekennt, ist vielleicht eine größere Neuerung als seine unzweifelhaften therapeutischen Erfolge. Immer haben eigene Konflikte Freuds theoretische Schritte begleitet und mindestens zum Teil ausgelöst, das gilt für die frühe Neuerung in der Hysterietheorie (von den sexuellen Traumatisierungen zu den verdrängten Wünschen) ebenso wie für die »zweite Topik«, den Schritt von der Gegenüberstellung der Ich- und Sexualtriebe zur Instanzenlehre (Es - Ich - Über-Ich) und zum Konzept von Eros und Todestrieb.

Solche Einsichten schmälern die Anerkennung für

---

* S. Freud, Briefe an Wilhelm Fließ, Ungek. Ausgabe. Frankfurt 1986, S. 355.
** E. Jones, Sigmund Freud. Bd. I. München 1984, S. 264 f.

seine geistigen Leistungen nicht; viele Menschen haben neurotische Ängste, aber nur wenige Hysteriker kommen dahin, ihre eigene Störung als Vehikel zu benutzen, um sich selbst und andere wenigstens zum Teil von ihr zu befreien. Wie sehr diese Qualität gerade der Hysterie zuzuordnen ist, zeigt nicht nur Freuds »Helfersyndrom«*, sondern auch die Entwicklung von Breuers berühmter Patientin Bertha Pappenheim (»Anna O.«, siehe auch S. 28), die später eine führende Rolle in der jüdischen Frauenbewegung spielte, in Neu-Isenburg ein Waisenhaus gründete und unermüdlich ihre Schützlinge erzog, formte, ermahnte. Auch sie ist ein Pionier des Helfens, es ging ihr immer wieder um eine Professionalisierung der (weiblichen) jüdischen Mildtätigkeit.

»Die Gedankenlosigkeit des Gebens muß künftighin einem vernünftigen, planmäßigen, zweckdienlichen Helfen weichen und damit wird im Leben der jüdischen Frau der erste Schritt getan sein, sich der Frauenbewegung anzuschließen. Die gebildete Frau muß einse-

---

* Vgl. W. Schmidbauer, Hilflose Helfer. Reinbek 1994. Das Helfer-Syndrom basiert darauf, daß sich der Helfer auf Grund eines frühen Mangels an verläßlicher Zuwendung und Einfühlung mit einem Idealbild identifiziert, das diese Sehnsüchte nun anderen befriedigen kann. Dadurch vermeidet er es, seiner schmerzlich erlebten eigenen Schwäche und Abhängigkeit wieder zu begegnen. Nicht er braucht andere, andere brauchen ihn. Freuds Brief, in dem er seine Depression schildert (also den Zustand des verlassenen Kindes, das nicht weiß, was ihm fehlt), und dann die Lösung dieser Depression im einfühlenden Tätigwerden für einen Patienten, belegt diese Dynamik.

hen lernen, daß sie die Pflicht hat, zu helfen, wo es nötig ist. Die Arbeit, die eine solche Pflichterfüllung mit sich bringt, fröhlich und verständig zu tun, ist ein Quell unendlicher Lebensfreude, unendlichen Lebensgenusses.«*

Unter dem Titel »Sich an die Stelle des Arztes setzen« beschreibt Lucien Israel die Interaktionsdynamik zwischen männlicher (im Helfen gebundener) und weiblicher Hysterie. Ich will ich sie hier etwas ausführlicher untersuchen.

Mary Baker, 1821 geboren, litt von Kindheit an an Krampfanfällen, Ohnmachten, Unruhezuständen und Panikattacken. Der Hausarzt beruhigte die Eltern mit dem Hinweis, es handle sich um Hysterie. Mary heiratet mit zweiundzwanzig Jahren den Freund einer ihrer Brüder, der bald danach stirbt und sie mit einem Kind mittellos zurückläßt. Sie sucht Zuflucht bei einer ihrer Schwestern, die Symptome verschlimmern sich bis zu einer Gangstörung. Mary läßt sich eine Sänfte konstruieren, um reisen zu können. Trotz ihrer zahlreichen Leiden hat sie viele Verehrer, unter denen sie ihren zweiten Ehemann wählt, einen der für die damalige Situation der USA typischen, reisenden Wunderdoktoren. Die Ehe scheitert, Mary läßt sich scheiden, ihre Symptome verschlimmern sich

---

* P. Berthold (Bertha Pappenheim), Frauenfrage und Frauenberuf im Judentum, Allgemeine Zeitung für das Judentum, 61. Jg., Nr. 41 v. 8. Okt. 1897. Zit. n. Helga Heubach (Hsg.), Das unsichtbare Isenburg. Frankfurt 1994, S. 10.

weiter. Als sie den Mann ihres Lebens, Phineas Pankhurst Quimby trifft, haben manche Ärzte angesichts ihrer Hartnäckigkeit die Hysteriediagnose zurückgenommen und sprechen von einem Rückenmarksleiden.
Quimby ist ein Wunderheiler mit bewegter Vergangenheit. Ein Mesmer-Schüler, der französische Arzt Poyen, faszinierte 1838 auf einem Vortrag in Belfast durch öffentliche hypnotische Experimente den Uhrmacher Phineas Pankhurst Quimby. Dieser hing sein Handwerk an den Nagel, nachdem er unter Poyens Anleitung entdeckt hat, daß auch er »magnetisieren« kann. Quimby beginnt, »wie ein Wahrsager mit seinem Affen« (Zweig)* landauf und landab zu ziehen, von einem Fünfzehnjährigen begleitet, der als Medium dient und den Kranken während der Show die Medikamente nennt, die ihnen helfen werden. Der Glaube an das übernatürliche Wissen der Medien ist weit verbreitet. So erzielt Quimby verblüffende Erfolge. Doch ist er kein kritikloser Scharlatan. Als er einmal beobachtet, daß auch ein billigeres Mittel, das er statt dem kostspieligen, vom Medium genannten, unterschob, den Kranken heilt, zweifelt er am somnambulen Tiefblick. Er beginnt zu erkennen, daß es sich um seelische Vorgänge handelt, um den Glauben des Kranken an das Ende seiner Krankheit.
Diese Lehre entwickelt Quimby zu einem System der *mind cure*, die darauf basiert, daß viele Krankheiten

---

* Stefan Zweig, Die Heilung durch den Geist. Frankfurt 1952.

auf Einbildung beruhen und man sie am besten beseitigt, indem man den Glauben an sie zerstört. Mary Baker wird Quimbys Patientin. Es ist Liebe auf den ersten Blick, Mary wird kostenlos behandelt, Quimby, der schon früher aufregende Heilerfolge erzielt hat, beschäftigt sie als Sekretärin und heiratet sie; Mary hingegen »schenkt« ihm ihr Symptom: Sie ist künftig nicht mehr gelähmt, sie ist sozusagen gesünder als gesund, sie wird selbst zur Heilerin, und als Quimby 1866 an einem Bauchtumor stirbt, nach und nach berühmter als er. Sie entdeckt, daß die Ausbildung von Wunderheilern noch lukrativer ist als das Heilen selbst, gewinnt Schüler und veröffentlicht 1875 die erste Ausgabe ihres Buches »Science and Health«. Es sind überarbeitete Schriften von Quimby, von dem sich Baker durch eine »feministische« Position abzuheben versucht – »die Vorstellung der Frauen über Gott ist erheblich erhabener als die der Männer.«*

Die Verbindung von Wissenschaft und einer magisch aufgeladenen Religiosität kommt (im Prinzip ähnlich wie Hubbards Scientology-Kirche im zwanzigsten Jahrhundert) Erlösungssehnsüchten mit modischen Begriffen entgegen. Die vom Wunderheiler geheilte Kranke wird schließlich die Gründerin einer neuen religiösen Bewegung, die prunkvolle Kirchen errichtet und ihre Anhänger nach Hunderttausenden zählt. Die »Mutterkirche« steht in Boston; im Herzen eines Heiligtums aus Marmor und Granit befindet sich der »mother

---

* Zit. n. L. Israel, a.a.O., S. 213.

room«, in den sich Mary Baker zurückziehen kann. Sie stirbt 1910 im Alter von einundneunzig Jahren.
Die Christian Science erklärt die Materie für wesenlosen Schein und Gott für unendlich und allmächtig; da er Inbegriff alles Guten ist, kann er keine Krankheit wollen. Wenn ein Mensch erkrankt, so ist er weltanschaulich abgeirrt und hat die Wesenlosigkeit der Materie noch nicht genügend erkannt. Wenn er seine Gedanken auf das Nichtsein des Übels richtet, wird es verschwinden.
Lucien Israel geht davon aus, daß Mary Baker durch ihre Identifizierung mit dem Wunderheiler zwar ihre Symptome überwand, aber ihre Persönlichkeitsstörung behielt. Sie verbrachte ihren Lebensabend vor allem mit Prozessen gegen Schüler, denen sie vorwarf, sie betrogen zu haben, ihre Geheimnisse auszuplaudern und mit »böswilligem Magnetismus« gegen sie vorzugehen.
Obwohl er die »Heilungen« der (weiblichen) Hysterie durch die Identifizierung mit einem (männlichen) Ideal des Helfers erkannt hat, geht Israel nicht so weit, diese Reflexion auf die eigene Arztrolle auszudehnen. Wenn die hysterischen Patientinnen in schöner Regelmäßigkeit sagen »Herr Doktor, Sie haben den schönsten aller Berufe. Medizin wollte ich immer studieren!«*, dann muß der Arzt keinen Gedanken mehr darauf verschwenden, weshalb denn er selbst Medizin studiert hat.

---
* L. Israel, a.a.O., S. 222.

Israel hält es für eine charakteristische Entwicklung, daß Hysterikerinnen sich den Sozialberufen zuwenden. Die Medizin nimmt er aus (das träte ihm zu nahe), aber Krankenschwester oder Sozialpädagogin sind zumindest als Berufswunsch kennzeichnend; sie drücken eine Suche nach heilenden Erfahrungen aus, die in diesen Berufen eher auftreten als in anderen. An der Wurzel aller »Berufungen« zur Heilerin findet Israel die Phantasie einer allumfassenden Liebe. Diese universale Liebe war ursprünglich auf eine bestimmte Person gerichtet, die als »Meister« gewählt wird. Wenn nun dieser Meister schwach wird (wie Breuer bei Anna O.) oder gar stirbt (wie Quimby bei Mary Baker), dann hat die hysterische Patientin zwei Möglichkeiten: Sie sucht sich andere Ärzte, um sie zu idealisieren, und erstarrt in ihrer Neurose. Oder aber sie versucht, den Meister selbst zu verkörpern. Sie ersetzt ihn der Menschheit, weil er zu klein ist, ihre Erwartungen zu erfüllen.

Israel wertet diese Lösung als »erstarrte, stereotype Rolle«, ein Beispiel dafür, wie angesichts der Konfrontation mit einer eigenen Abwehr auch Psychoanalytiker dazu neigen, autoritär vorzugehen. Schließlich fordert jeder Beruf außer dem des Schauspielers eine feste Rolle. Die Überwindung der hysterischen Symptomatik bei Anna O. - ihrer Wahnvorstellungen, Lähmungen, ihrer Anorexie und Morphiumsucht - zugunsten eines kreativen, engagierten und sozial produktiven Lebens als feministische Reformerin und Heimleiterin ist qualitativ nicht von anderen Lösungen von Reifungskrisen zu unterscheiden, aus denen sich eine feste professionelle Haltung entwickelt.* Grotesk finde ich auch Israels Deutung, Bertha Pappenheim habe durch ihre neurotische Erstarrung das Schicksal ihrer Zöglinge in dem Heim Neu-Isenburg mitzuverantworten, die von den Nazis deportiert und ermordet wurden.

Bertha Pappenheim verstand sich als Deutsche jüdischen Glaubens und vertraute fest auf den Schutz der deutschen Verfassung. 1936, als sie an Krebs starb, war es für eine Frau mit ihrer Biographie vollständig normal, den zionistischen Vorstellungen eines jüdischen Staates im Heiligen Land zu mißtrauen. Ihr »kritiklose Einstellungen« vorzuwerfen, die »für einige ihrer Schützlinge verhängnisvoll waren«, ist historisch töricht, paßt aber zu der charakteristischen Abwehr gegen das Ärgernis, das Bertha Pappenheim verkörpert: einer forcierten Unabhängigkeitserklärung gegenüber allen männlichen (Dominanz)Ansprüchen.

Das Rätsel der Hysterie bleibt ungelöst, solange sich männliche Bedürfnisse in der Objektivierung weiblicher Symptome verbergen. Statt aus der Begegnung der Geschlechter mehr über die unentrinnbaren Schwächen der menschlichen Existenz zu lernen und deren Universalität gerade in der Erotik zuzulassen,

---

* Vgl. Marion A. Kaplan, Anna O. and Bertha Pappenheim: A Historical Perspective, in: M. Rosenbaum et al. (Eds.), Anna O. Fourteen Contemporary Reinterpretations. New York 1984, S. 101.

hat es sich eingespielt, diese Konflikte an die Frau zu delegieren und sie an ihr abzuhandeln. Die Deutungen über Bertha Pappenheim sind, angefangen von Breuer, in ihren Widersprüchen und in ihrer Unfähigkeit, die Entwicklung von »Anna O.« vorauszusagen, eine Mahnung zur Bescheidenheit für alle Psychologen.

Ein Biologe kann uns sagen, welcher Schmetterling aus der Puppe schlüpfen wird, in die sich eine Raupe vor ihrer Metamorphose eingesponnen hat. Aber verglichen mit den biographischen Schilderungen von Bertha Pappenheims Leben und Arbeit wirken die psychodynamischen Konstruktionen blaß und ärmlich; Breuers Verzweiflungsworte, Anna O. solle sterben, denn nur der Tod könne sie von ihren Leiden erlösen, enthüllen sich als grandioser Irrtum, ein Signal tiefster Verstrickung.*

Soll das Leben einer Frau, die den jüdischen Feminismus in Deutschland begründete, die Jugendclubs und Heime leitete, zahlreiche Bücher und Artikel schrieb, nach Galizien reiste, um den Mädchenhandel zu bekämpfen, darin verständlicher werden, daß sie unverheiratet blieb und so ihr Trauma über den Verlust ihres Vaters und ihres geliebten Arztes Joseph Breuer verarbeitete? Soll es in den diagnostischen Fragen aufgehen, ob Anna O. schizophren war, eine Borderline-Störung hatte, sexuell mißbraucht wurde oder mit Psychopharmaka aus einem Computerprogramm binnen

---

* M. Rosenbaum et al. (Eds.), Anna O. Fourteen Contemporary Reinterpretations. New York 1984, S. 23.

vierundzwanzig Stunden mit neunundneunzigprozentiger Wahrscheinlichkeit geheilt hätte werden können?*
Es bleibt anscheinend dabei: männliche Hysterie ist grandios und kreativ, weibliche verdächtig und zu hinterfragen. Meine These ist demgegenüber: Hysterie ist etwas, das zwischen Männern und Frauen entsteht und damit zusammenhängt, daß beide Geschlechter schwach sind, beide ihre Ideale von Erwachsensein und »genitaler Reife« nie ganz erfüllen und beide dazu neigen, die Verantwortung für eigenes Scheitern vor dem Ideal der Erwachsenheit zu projizieren.
Was diese Idealbilder des Erwachsenen gefährdet, nennt man in der Psychoanalyse, wie schon erwähnt, »Regression«; hysterische Symptome laufen in der Regel auf solche Regressionen hinaus. Regression meint Rückkehr, Rückkehr zu Kindlichem – zu Allmachtsvorstellungen, Märchenträumen, dem Glauben, daß das Wünschen hilft, der Raffinesse, mit allen Mitteln Aufmerksamkeit zu erlangen und sich nicht um »Echtheit« zu scheren. Regression führt uns auch in Zustände, wo Träume Halluzinationen werden und Einbildungen körperliche Symptome sein können.
Der bornierte Erwachsene kann nicht mehr verstehen, daß Kinder nehmen, was sie bekommen können, und erzählen, was sie glauben möchten. »Du hast gestohlen«, sagt er, »und stehlen ist schlimm genug, aber noch

---

* Alle diese Spekulationen werden in den von Max Rosenbaum und Melvin Muroff zusammengetragenen Neuinterpretationen »begründet«.

schlimmer, gänzlich unverzeihlich ist, daß du deine Eltern belogen hast!« ›Was muß ich nur sagen‹, denkt sich das Kind, ›damit mir die Mutter endlich glaubt, daß ich gar nicht gestohlen und gelogen habe – ich wollte doch nur etwas haben!‹ Und etwas haben wollen sie alle, Männer wie Frauen, und die meisten von ihnen wären gerne reifer und wählerischer in ihren Mitteln, als sie es tatsächlich sind.

Künstler können sich in tiefere Regressionen wagen als Nichtkünstler, weil ihnen die künstlerische Form Ausdrucksmöglichkeiten und gleichzeitig Stabilisierungen in die Hand gibt, die dem Durchschnittsmenschen nicht zur Verfügung stehen. Daher ist ihnen auch mehr Hysterie »erlaubt«. Sie können sozusagen biographisch länger und »tiefer« spielen, sind jedoch im bürgerlichen Zeitalter auch zunehmend gefährdet, weil sie nicht mehr im Dialog mit gesellschaftlich fest verwurzelten Auftraggebern arbeiten, sondern durch waghalsige Experimente Neuland erobern oder bei diesem Versuch persönlich und sozial scheitern. Sobald »Genie« zum Ideal der Kreativität wird, gibt es mehr verkrachte und verkannte Genies als ehrliche, talentierte Künstler.

Das führt uns zu einigen ketzerischen Überlegungen zum Verschwinden der Hysterie-Diagnose. Es wurzelt nicht darin, daß die Hysterie selten geworden ist. Sie wurde im Gegenteil so häufig, daß der Begriff keine genügende diagnostische Differenzierungskraft mehr entfalten kann. Heute leben so viele Menschen in Traumwelten und beanspruchen mehr Geltung, als sie bekommen können, daß es für den klinischen Psychologen oder den Arzt problematisch würde, sie alle hysterisch zu nennen. Dieses Wort mit seinem Beigeschmack der Verachtung und der Kritik würde das florierende Geschäft der sublimierten Formen der Hysterie (also den helfenden Berufen) mit den weniger sublimierten (also den klinisch auffälligen Kranken) beeinträchtigen. Wer sich von solchen Bedürfnissen unabhängig machen kann, sich für eine Zeitdiagnose interessiert und seine Einsicht in die narzißtischen Stabilisierungen (und Labilisierungen) durch erotische Beziehungen vertiefen will, kann nach wie vor viel von einer Untersuchung der hysterischen Dynamik gewinnen. Die geschichtliche Perspektive zeigt dann auch, was die spezifischen Konflikte der Gegenwart ausmacht.

Die Selbstverwirklichungspläne der Jugendlichen laufen heute mehrheitlich darauf hinaus, Künstler oder Helfer zu werden, am besten beides zusammen. Die hysterische Dynamik hingegen enthält die Perspektive, durch die Zuwendung eines Helfers oder durch die Liebesbeziehung zu einem Künstler (bzw. einer anderen, idealisierten, erfolgreichen Gestalt) für das Trauma entschädigt zu werden, idealisierte eigene Ziele nicht erreicht zu haben. Obwohl Freud diesen Beziehungskontext nicht erkannt hat und sich in seinen Fallgeschichten überraschend wenig mit dem beschäftigte, was er doch entdeckt hat: der Dynamik des Ödipuskomplexes, hat er doch beschrieben, daß sich der Hysteriker von der Wirklichkeit abwendet, weil sie ihm nicht gut genug ist.

Wir beobachten heute, daß wir die Geschichten der

Eltern und Großeltern erforschen müssen, wenn wir verstehen wollen, weshalb Menschen aus ihrer Kindheit keine seelische Stabilität gewinnen können. Dieser Mangel an Stabilität führt dann dazu, daß sie sich hektisch an Personen anlehnen und diejenigen ebenso hektisch entwerten, mit denen sie Liebesbeziehungen anknüpfen. Die Liebesbeziehung ist in diesen Fällen kein Vertrag zwischen Erwachsenen, sondern ein Schriftstück, daß in fast unsichtbarem Kleindruck Ansprüche enthält, das Liebesobjekt müßte die eigene Instabilität, die Unsicherheit in Männlichkeit oder Weiblichkeit ausgleichen.

Um Partner zu zwingen, dieses Kleingedruckte zu erfüllen, das sie gar nicht gelesen haben, üben Hysteriker Druck aus, entwickeln Symptome, verlieren die Kontrolle, wenden Gewalt an, verweigern sich und anderen die erotische Erfüllung und mißbrauchen Kinder als Ersatzpartner. Diese Symptome sind äußerst vielfältig, aber wer die hinter ihnen stehende Beziehungs- und Familiensituation erforscht, erkennt bald die verborgenen kindlichen Ansprüche und die Weigerung, erwachsen zu werden.

Die Hysterieforschung ist unverzichtbar, um Menschen zu erklären, weshalb sich die Partner in Liebesbeziehungen derart dramatisch und unvorhersehbar ändern können. Solche Veränderungen sind Folgen von Interaktionen, also von Wechselwirkungen zwischen mindestens vier Kräften: den kindlichen Stabilisierungsansprüchen und den erwachsenen Wünschen nach Bedürfnisbefriedigung bei jedem der Partner. Zu Beginn der Beziehung wirken diese Kräfte scheinbar harmonisch zusammen: die gegenseitige Befriedigung stellt Sicherheit her, die Sicherheit trägt die Phantasie, daß es die Beziehung stabilisiert, einander zu befriedigen. Ich fände es einen großen Verlust, wenn wir aufhören würden, diese Entwicklungen in ihrem gesellschaftlichen Kontext darzustellen und sie in ihren Einzelheiten zu verfolgen.

Von der Hysterie
zur histrionischen Persönlichkeit

»Die Hysterischen erzeugen ihre Symptome, um sich interessant zu machen, die Aufmerksamkeit auf sich zu ziehen. Wie doch alte Weisheiten immer wiederkehren! Aber dieses Stückchen Psychologie schien uns schon damals die Rätsel der Hysterie nicht zu decken, es ließ z. B. unerklärt, weshalb sich die Kranken keiner anderen Mittel zu Erreichung ihrer Absicht bedienen.«*

Die meisten psychoanalytischen Autoren bekennen sich zu der Einsicht, daß Hysterie bei Männern ebenso auftritt wie bei Frauen. Aber selbst dort, wo dies ausdrücklich betont wird, gewinnt man den Eindruck von Lippenbekenntnissen. Es scheint, daß Frauen die Hysterie für die Männer erfunden haben, und die Männer nun überzeugt sind, sie hätten sie entdeckt. Aber weil sich in dieser Vorstellung auch Wünsche verbergen, darf sie nicht aufgehen wie eine mathematische Gleichung. Indem sie vorgibt, uns über Widersprüche aufzuklären, schafft die Hysterie neue Widersprüche.

---

* S. Freud, Aufklärungen, Anwendungen, Orientierungen. Ges. W. Bd. XV. Frankfurt 1950, S. 152.

Der hysterische Mann

Das paßt doch nicht zu *dem* (der Gefühlsausdruck zur Situation, der Schmerz zum körperlichen Befund, die Lähmung zum Verlauf der Nerven)! Nun ja, hysterisch! Was ist eigentlich hysterisch? Da paßt etwas nicht zusammen, Mann soll es klären, aber es gelingt ihm nicht. Ein Rätsel, das niemand lösen will, ist nicht spannend. Wir strengen uns dann am meisten an, wenn wir zwar nicht ganz erfolglos bleiben, aber doch nur selten und so ausnahmsweise etwas erreichen, daß jeder Erfolg kostbar bleibt.* Dieses Prinzip der »intermittierenden Verstärkung«, das heißt der Intensivierung unseres Bemühens, wenn der Erfolg selten bleibt, ist in der psychologischen Lerntheorie tausendfach belegt. Es begleitet uns nicht nur im Alltag, sondern auch in der therapeutischen Profession; die »Großpatientinnen« und »Großpatienten«, an denen psychotherapeutische Theorien entstanden, waren durchweg mäßige klinische Erfolge.

Die Hysterie repräsentierte einst im wissenschaftlichen und bis heute im literarischen Sprachgebrauch alles, was Männer an Frauen beunruhigt und ängstigt. Sie wurde zum Argument, um Frauen von höheren Positionen auszuschließen. Freud vertritt hier in seinen Brautbriefen eine reaktionäre Position, die er sogar polemisch gegen John Stuart Mills Gedanken setzt, dessen Werk er damals übersetzte. Am 15. November 1883 schrieb er an Martha Bernays:

---

* Daher ist Fußball interessanter als Handball: weil die Tore seltener sind!

Von der Hysterie zur histrionischen Persönlichkeit

»Es ist auch ein gar zu lebensunfähiger Gedanke, die Frauen genauso in den Kampf ums Dasein zu schicken wie die Männer. Soll ich mir mein zartes liebes Mädchen z. B. als Concurrenten denken; das Zusammentreffen würde doch nur damit enden, daß ich ihr, wie vor 17 Monaten sage, daß ich sie lieb habe und daß ich alles aufbieten werde, sie aus der Concurrenz in die unbeeinträchtigte stille Tätigkeit meines Hauses zu ziehen.«*

Das klingt recht aufgeregt. Sollte man glauben, daß sich auch hier noch Reste der ägyptisch-hippokratischen Lehre auffinden lassen, in ein wenig abgewandelter Form: Hysterisch wird der Mann, wenn die Frau nicht an dem Platz bleibt, wo er sie hinstellt und wo sie das Objekt seiner Liebe (latent: die Garantin der Befriedigung seiner Bestätigungsbedürfnisse) ist? Dann entspräche – wir haben es schon angedeutet – das klassische Modell der Hysterie einer in den Körper der Frau projizierten Bedürftigkeit der Männer. Eine passende Alltagsbeobachtung:

»Mein Mann ist schon komisch. Er redet den ganzen Abend nicht mit mir, liest beim Essen die Zeitung, geht dann zum Fernseher, vor dem er oft einschläft. Aber wenn ich ausgehen will, wird er ganz unruhig und findet es für mich doch viel gemütlicher, wenn ich den Abend mit ihm verbringe. Es beleidigt ihn, wenn ich frage, was das heiße, ›mit ihm verbringen‹.«

---
* Zit. n. E. Jones, Sigmund Freud. Bd. 1. München 1984, S. 213.

Die Frau wird hysterisch, wenn ihr Uterus nicht an seinem Platz ist, der Mann, wenn seine Frau nicht an dem ihren bleibt. Freud: »Die Stellung der Frau wird keine andere sein können, als sie ist, in jungen Jahren ein angebetetes Liebchen und in reiferen ein geliebtes Weib.« Daher ist in der allmählichen Durchsetzung der Gleichberechtigung auch die Hysterie in Verruf geraten: Ihr pejorativer Klang hat dazu geführt, daß sie immer seltener diagnostiziert wird. Das ändert natürlich nichts daran, daß die einst mit diesem Begriff belegten Symptome und Charaktermerkmale nach wie vor existieren. Ich glaube sogar, daß sie in einer verdünnten Form so häufig geworden sind, daß sie uns gar nicht mehr auffallen. Das Überoptimale, das Phallische sind zentrale Instrumente der Konsumpsychologie, der Werbewirtschaft, der Soap-Operas in den Massenmedien.
Während Lucien Israel in den achtziger Jahren noch daran festhält, daß die Hysterie die häufigste psychische Störung ist, wird in der amerikanischen Medizin (die, wie wir wissen, in der Kundenorientierung weit schnellere Fortschritte gemacht hat als die europäische) fast gleichzeitig die Hysterie-Diagnose gänzlich eliminiert. Vorangegangen war ein schon bei Charcots Nachfolgern nachweisbares Verschwinden der »großen Hysterie« mit ihren Anfällen, Krisen und pathetischen Bewegungen. (Vgl. Kap.1) Zum Teil lag das daran, daß durch die Entdeckung des Elektro-Enzephalogramms und anderer neurologischer Methoden die Unterscheidung epileptischer und psychogener Anfälle möglich wurde. Aber der Rückgang der Hysterie hat gesell-

schaftliche Ursachen, die – wie bei der Entstehung der Hysterie-Theorien – auch beim Verschwinden des Hysterie-Diskurses aus der Medizin in einer Interaktion zwischen Professionellen und Patienten wurzeln.

In den klassischen tiefenpsychologischen Diagnosen wird zwischen Symptomatik und Neurosenstruktur unterschieden; eine praktisch häufige Diagnose lautet dann etwa so: »Vorwiegend depressive Symptomatik mit Schlafstörungen auf der Grundlage einer hysterischen Persönlichkeitsstruktur.« Das heißt, daß die Kranke im Erscheinungsbild eher traurig verstimmt, antriebslos und von Gefühlen belastet ist, so nicht weiterleben zu können, daß aber im Hintergrund ein hysterischer Konflikt vermutet wird, z. B. eine infantile Erwartungshaltung an eine Partnerbeziehung oder die Unfähigkeit, sich mit beruflichen oder persönlichen Realitäten abzufinden.

Klinisch gesehen, ist diese Betrachtungsweise sehr nützlich. Wer nur Symptome beschreibt, gewinnt keine Theorie über ihren dynamischen Hintergrund. Dadurch gehen Chancen verloren, die ein gründlicheres Vorgehen bieten. Daß die Strukturdiagnosen aus der psychiatrischen Diagnostik verschwunden sind, drückt einen Rückschritt aus.*

---

* Dieser Rückschritt hängt mit dem Schwinden von systematischen Reflexionen, gesellschaftlichen Bezügen und einem Theorieinteresse in der Psychotherapie zusammen. Wer z. B. die Prospekte der heute wieder (in ihrer Verkleidung als Neurolinguistisches Programmieren) sehr beliebten hypnotischen Verfahren studiert, findet die zu Freuds

Die Psychoanalyse ist heute zum Teil wieder das, was sie um die Jahrhundertwende war: eine Theorie, welche dem biochemisch orientierten Establishment der Psychiatrie suspekt ist. Die Psychoanalytiker sind keine kreativen, eroberungshungrigen Außenseiter mehr, sondern wohletablierte Professionelle, die zur Entwicklung ihrer Nachbarwissenschaften manchmal ein ähnliches Verhältnis haben wie die venezianischen Adeligen zu ihren Mitbürgern. Sie legten im achtzehnten Jahrhundert ein goldenes Buch an, in dem für alle Zeiten stehen sollte, wer zu den Patriziern gehörte und wer nicht. Eine Generation später war es mit dem Glanz der Republik von San Marco vorbei.

An die Stelle der Hysterie sind in der 1980er Revision des DSMO (The Diagnostic and Statistical Manual of Mental Disorders) des international mächtigen amerikanischen Psychiaterverbandes einzelne Symptombilder getreten: psychogene Schmerzzustände, Konversionen, vorgetäuschte Krankheiten (Münchhausen-Syndrom) und als eine Art Papierkorb die »undifferentiated somatiform disorder«. Das einzige Merkmal der

---

Zeiten selbstverständlichen Qualifikationen eines ausgebildeten Helfers einzeln aufgeführt und zu Schritten für ein Training wirkungsvoller Therapie aufgemotzt. Der NLP-Fortgebildete kann Ziele festlegen, die Probleme des Klienten erkennen, Humor und bildhafte Sprache anwenden, Ressourcen und Kompetenzen aktivieren, Probleme definieren. Er kann sogar zusammenhängend (»systemisch«) denken! Eine Theorie hat er freilich nicht, mit deren Hilfe er verstehen könnte, was ihn und seinen Klienten bewegt.

Von der Hysterie zur histrionischen Persönlichkeit

klassischen Hysterie hat sich in der »Histrionischen Persönlichkeit« erhalten.
Histrio ist in der römischen Antike der Schauspieler.* Das war damals (und bis weit in die Neuzeit hinein; erst im neunzehnten Jahrhundert wurden Schauspieler als große Künstler verehrt) ein anrüchiger Beruf (infames nach römischem Recht), der von Sklaven ausgeübt wurde. Sie waren schlecht bezahlt und durften, wenn sie nicht gut genug spielten, vom Prinzipal verprügelt werden. Aber sie konnten sich auch bei den Mächtigen einschmeicheln; in Ovids »Liebeskunst« (Buch 3; Vers 351) treten sie als Verführer römischer Damen auf.
Wenn die histrionische Persönlichkeit in der psychiatrischen Diagnostik die Hysterie überlebt hat, dann könnte das darauf hinweisen, daß die Psychoanalyse dort inzwischen wie ein Intermezzo behandelt wird. Denn die Unterstellung, daß die Hysteriker(innen) schauspielern, ist viel älter als Freud. Freud hat eher das Element der Übermoral, des Zu-gut-sein-Wollens betont. Auch darin kann ein Stück Theater liegen: ganz wahrhaftig, ganz echt, ganz authentisch zu sein.
In den Marathon-Begegnungsgruppen der siebziger Jahre war diese geschauspielerte Form der Maskenlosigkeit sozusagen Programm: Wer in der Gruppe Beifall

---

* Nicht Histrion, wie die Übersetzer von Lucien Israel schreiben (1987, S. 58). Dort heißt es auch, daß damit Komödianten und derbe Spaßmacher gemeint waren, während Histrio in Rom auch der Tragödiendarsteller war; allerdings durften die Schauspieler der Komödie keine Tragödien spielen, und umgekehrt.

haben wollte, mußte echt sein; »endlich habe ich dich gespürt«. Solche Sätze und das Klima, in dem sie fallen, drücken eher die Hysterie aus als sie zu transzendieren. Wie sieht die »Histrionische Persönlichkeitsstörung« der aktuellen psychiatrischen Klassifikation aus?
»Individuen mit dieser Störung sind lebhaft und dramatisch und ziehen immer Aufmerksamkeit auf sich. Sie neigen zu Übertreibung und spielen oft Rollen, wie das ›Opfer‹, die ›Prinzessin‹, ohne sich dessen bewußt zu sein.
Das Verhalten ist übererregbar und überexpressiv. Kleine Reize führen zu großen Auftritten, irrationalen Ausbrüchen, Anfällen von Wut. Individuen mit dieser Störung sehnen sich nach Neuigkeiten, Reizen, Erregungen und langweilen sich schnell, wenn sie einer normalen Routine ausgesetzt werden.
Mitmenschliche Beziehungen sind in charakteristischer Weise gestört. Anfänglich werden so gestörte Personen häufig als oberflächlich und unecht wahrgenommen, obwohl sie Charme und Anziehungskraft zu besitzen scheinen. (...) Sobald eine Beziehung entstanden ist, können sie fordernd, egozentrisch und unüberlegt werden. Es kann zu manipulativen Suiziddrohungen, suizidalen Gesten und Selbstmordversuchen kommen. (...)
Solche Individuen sind im typischen Fall attraktiv und verführerisch. Sie versuchen das andere Geschlecht zu kontrollieren oder in eine Abhängigkeitsbeziehung zu verwickeln. Die Flucht in romantische Phantasien ist sehr verbreitet, bei beiden Geschlechtern karikiert das Ausdrucksverhalten die Weiblichkeit.

Die Störung ist offensichtlich verbreitet. Sie wird bei Frauen viel öfter als bei Männern diagnostiziert.«*
In seiner Untersuchung über die Geschichte der Hysterie hat Mark S. Micale diese Beschreibung zitiert und hinzugesetzt: »Dieses Konzept der Hysterie ist nicht von Briquet, Charcot, Janet, Freud oder Lacan. Es ist von Flaubert.«** In der Tat kann Micale nachweisen, daß die Konzeption eines hysterischen Charakters in Frankreich unmittelbar im Anschluß an Flauberts mitleidlose Beschreibung der egozentrischen, geltungssüchtigen, oberflächlichen, in einer Phantasiewelt lebenden und ihren braven Gatten plagenden Emma Bovary entstand. Einer der Kommentare zu Flauberts Buch stammt von einem prominenten Arzt und Schriftsteller, Charles Richet, der versucht, mit Hilfe dieses Werks seine Theorie zu belegen, daß der hysterische Charakter nicht nur eine sehr häufige Variante des weiblichen Charakters ist, sondern sozusagen »weiblicher als weiblich« (»Man könnte sagen, daß die Hysterikerinnen mehr Frauen sind als die anderen Frauen«).*** Wie

---

* American Psychiatric Association, Diagnostic and Statistical Manual of Mental Disorders, Washington D. C. 1980, S. 313 f., Übers. W. S. Der Text der älteren Ausgabe von 1952, in der noch von einem »hysterischen Persönlichkeitstypus« die Rede ist, unterscheidet sich nicht grundlegend von dem hier zitierten. Ein deutscher Text, der mehr über die histrionische Persönlichkeit als über die Freudsche Hysterieauffassung sagt, findet sich bei Ernst Kretschmer, Über Hysterie. Leipzig 1923.
** M. S. Micale, Approaching Hysteria. Disease and its Interpretations. New Jersey 1995, S. 236.
*** Zit. n. Micale 1995, a. a. O., S. 231.

Emma leiden viele Frauen unter enttäuschten Träumen, zählebigen Illusionen und unerfüllbaren Hoffnungen; sie haben es schwer, vor allem, wenn sie über ihrem Stand erzogen werden, einen Mann zu finden, der ihren Ansprüchen genügt.
Hier wird zum ersten Mal die Hysterie mit dem zentralen psychologischen Problem der Moderne verknüpft: der Individualisierung von Lebensplänen. Wenn jede Frau und jeder Mann potentiell »alles« werden können, dann wird die in der traditionellen Welt undurchdringliche Grenze zwischen Märchen und Alltag durchlässig. Wenn so manche Wäscherin einen reichen Erben heiratet, so mancher Tellerwäscher zum Millionär aufsteigt – warum soll das mir nicht gelingen? Hysterie wäre demnach die Störung derjenigen, die versuchen, ihren Platz in der Lotterie des Schicksals auf dem Weg der »Liebe« zu finden und dabei den Kontakt mit der Realität verlieren. Die Situation gleicht der des Kaufhausdiebstahls: Jeder ächtet den Dieb, keiner spricht von den verführerischen Prachtwelten, die inszeniert werden und ohne die es weit weniger Diebstähle gäbe.
Die Hysterie versucht, das Unerfüllbare zu erfüllen, den Schein dort zu wahren, wo die Wahrheit unerwünscht ist, lieber das Ideale herbeizulügen als zu dulden, daß das Reale unter den gesellschaftlich vorgegebenen Standard fällt. Während die französischen Autoren im Gefolge Flauberts diesen Rettungsversuch entwerten, ist ihm Freud mit Genauigkeit und Verständnis begegnet. In seinem Streben, die Beobachtungen vor-

anzutreiben, ohne sie durch schnelle moralische Urteile zu trüben, gleicht er Flaubert, dessen Beschreibung Emma Bovarys weit über den frauenfeindlichen Formulierungen der Nervenärzte steht.
Wie niemand haßvoller von den Kaufhausdieben spricht als die Direktoren dieser Einrichtungen, so sind auch die moralisierenden und abwertenden Äußerungen über die Hysterie gerade bei denen häufig aufzufinden, die beruflich am meisten mit ihr zu tun haben. Die medizinische Profession, die mit ihren Diagnosen und naturwissenschaftlichen Fundamenten glänzen will, entwickelt im neunzehnten Jahrhundert eine bösartige Rhetorik gegen alle Personen, die sich ihren Wohltaten entziehen oder diese gar mißbrauchen. Es ist, ähnlich wie die Rhetorik der Hexenverfolgungen, auch eine Rhetorik von Männern über Frauen, die sich nicht in das Bild fügen, das diese Männer von Frauen haben. Wo aber einst Dämonen regierten, sind es jetzt entweder intellektuelle oder moralische Mängel. Hysterie rückt in die Nähe des »moralischen Schwachsinns«. Hysterische Symptome wie das Globusgefühl oder die Anfälle sind sozusagen nur ein Teil des Problems. Gefährlicher als sie, weil verdeckter, ist ein spezifisch hysterischer Charakter. Dieser Charakter führt seither ein zähes Leben im Kontext unseres Sprechens über die Hysterie.
Mußten im achtzehnten Jahrhundert die Ärzte noch darum kämpfen, die dämonologischen Auffassungen der Kirche zurückzudrängen, so erobern sie in der zweiten Hälfte des neunzehnten Jahrhunderts das Ter-

rain der Moral. Die Hysteriediagnose leistet dabei Schrittmacherdienste. Jules Faltet, einer der Wortführer dieser Entwicklung, hat diese Form einer moralischen Diagnose begründet, die bis heute unser Bild der Hysterie und - wie noch zu zeigen ist - unsere Klischees des Weiblichen prägt. Der hysterische Charakter ist laut Faltet (1866) durch moralische und intellektuelle Symptome charakterisiert, die ihn von der »hysterischen Geisteskrankheit« unterscheiden.
Faltet beschreibt folgende Symptome: Große Beweglichkeit des Temperaments, Wechsel von hochfliegenden und traurigen Stimmungen, abruptes Lachen oder Weinen, enthusiastische Verliebtheit, die mit allen Mitteln verfolgt wird. Hysterikerinnen sind widersprüchlich phantasievoll, kapriziös, extrem beweglich in Gedanken und Gefühlen.* Sie neigen dazu, dem Arzt zu widersprechen, ihm zu trotzen, passiven Widerstand zu leisten, vor allem aber neigen sie zum doppelten Spiel und zur Lüge. Hysterikerinnen können Wahres und Falsches derart mischen, daß auch der kritische Beobachter getäuscht wird; sie können nach außen den Anschein größter Tugend und frömmster Ergebung ma-

---

* Während ich diesen Text schreibe, liegt die Mai-Nummer 1998 der Zeitschrift »Vogue« auf meinem Schreibtisch. Der teuerste Anzeigenplatz (die Umschlagrückseite) wirbt für ein Parfüm, das die Unsterblichkeit der Hysterie-Charakteristik des neunzehnten Jahrhunderts zeigt. Neben einem Model mit weit offenem Mund, blitzenden Zähnen, nackt unter einem schwarzen Kostüm, steht nur der Satz: »She is always and never the same«. Unten, angemerkt: »Contradiction. A new fragrance for women. Calvin Klein.«

chen, während sie zu Hause ihren Ehemann schikanieren und ihre Kinder prügeln. Am stärksten ausgeprägt ist das Doppelleben im sexuellen Bereich; Faltet bemerkt, daß die Hysterikerinnen hier vorwiegend kokett und ruhmredig sind und meist gar keine ernsthaften sexuellen Verhältnisse eingehen.*

Andere französische Ärzte haben Faltet beigepflichtet und seine Charakteristik ergänzt. Moreau de Tours korrigierte Faltet insofern, als er feststellte, daß die Hysterie die intellektuellen Funktionen nicht antastet und Hysterikerinnen auch durch sexuelle Unersättlichkeit und eine Neigung zu Suiziddrohungen charakterisiert sind.**

Ambroise Tardieu schlägt 1872 vor, die Hysteriediagnose wieder strikt auf erwachsene und heranwachsende Frauen zu beschränken; auch er hält es für »hysterisch«, wenn Frauen sexuell unruhig sind und sich nicht durch die Zärtlichkeiten ihres Gemahls befriedigt fühlen.***

Am 18. Oktober 1857 schrieb Charles Baudelaire in »L'artiste« über Flauberts »Madame Bovary«. Er schlug vor, die Diskussion über die Hysterie von den Frauen auf die Männer zu übertragen, tadelte an den Ärzten, daß sie unfähig seien, dieses Rätsel zu lösen und stellte fest, daß die männliche Hysterie zwei zentrale Sym-

---

* Zit. n. Micale 1995, a.a.O., S. 229 f. Micale belegt an einer langen Liste von Zitaten, daß Emma Bovary alle diese Kriterien erfüllt.
** Jacques-Joseph Moreau de Tours, Traite pratique de la folie neuropathique (vulgo hystérique). Paris 1869.
*** Micale 1995, a.a.O., S. 230.

ptome habe: Impotenz und eine Neigung zu Exzessen in jeder Form.

Dieser Kommentar ist deshalb wichtig, weil er zeigt, wie intensiv Literaten dieser Epoche die medizinischen Debatten verfolgten. Schon zwanzig Jahre vor Charcot entwirft Baudelaire das Konzept einer männlichen Hysterie.

Wie fühlt sich ein Mann in eine Frau ein? Ein Bildhauer, ein Maler kann eine Frau darstellen, denn es geht um ihre Oberfläche. Aber um eine Frau bis in die intimsten Details ihres Erlebens zu erfassen, muß der Autor von seiner Männlichkeit absehen und sich selbst in eine Frau verwandeln. Und dabei, stellt Baudelaire fest, hat er seiner weiblichen Schöpfung ein Stück Männlichkeit eingeflößt. Baudelaire vergleicht Madame Bovary mit Pallas Athene, die gerüstet dem Haupt des Zeus entsprang: Auch Emma trägt eine männliche Seele in ihrem weiblichen Körper.

Baudelaires Rezension hat Flauberts Beifall gefunden; aber auch ohne diese Zustimmung läßt sich nachweisen, daß Emma Bovary ein Spiegelbild ihres Schöpfers ist: Flaubert litt unter Anfällen unklarer Ursache, war »nervös« mit vielfältigen Symptomen, galt als latent homosexuell oder transsexuell.

Von Fragern bedrängt, nach welchem Vorbild er Madame Bovary gestaltet habe, sagte er einmal »Madame Bovary, c'est moi!«* Kurzum, Flaubert und Baudelaire benutzten die Hysterie, um die männliche Komponente

---

* René Descharmes, Flaubert. Paris 1909, S. 103.

in der weiblichen und die weibliche in der männlichen Psyche zu untersuchen, beides sowohl persönlich wie künstlerisch.*

Ich habe Mühe, mir eine Diskussion wie die über »Madame Bovary« und die Hysterie ihres Schöpfers in der Gegenwart vorzustellen. Insgesamt hat das leidenschaftliche Interesse der Dichter und Schriftsteller für die Nervenkrankheiten, das im neunzehnten Jahrhundert festzustellen ist und sich auch noch zu Beginn des zwanzigsten in der Hochachtung findet, die Thomas Mann oder Hermann Hesse für die Psychoanalyse aufbrachten, seit dem Ersten Weltkrieg abgenommen. Heute schreiben Schriftsteller nur noch selten bewundernd über die Arbeit der Nervenärzte und Psychoanalytiker. Eher überwiegen Spott und Kritik. Vermutlich liegt das daran, daß unser Glauben an den Sieg des wissenschaftlichen Fortschritts über unsere triebhafte und stets von Rückfällen in Gewalt, Haß und Bürgerkrieg bedrohte Natur inzwischen zerbrochen ist. Freud versprach, gerade indem er auf die menschliche Triebhaftigkeit hinwies, doch noch einen

---

* Micale 1995, a. a. O., S. 252. Der Skandal nach dem Erscheinen des Romans hat einen juristischen und einen medizinischen Aspekt. Die Richter der Regierung von Louis Napoleon versuchten, Flauberts Werk zu verbieten, weil es eine Ehebrecherin beschrieb, ohne ihre Tat zu verdammen. Die Ärzte entwickelten eine Charakterdiagnose, welche den juristischen Impuls in ihre Praxis trug. Die beiden führenden Professionen des bürgerlichen Frankreich reagierten auf Emma Bovary mit moralischer Empörung und dem Versuch, die gestörte Ordnung wiederherzustellen.

Sieg der Aufklärung und der Vernunft. Heute ist der Psychotherapeut aus einer seltenen und kostbaren Lichtgestalt zu einer alltäglichen Figur geworden. Auch er ist von Eigennutz und Selbstüberschätzung verführbar.
Während die Dichter des neunzehnten Jahrhunderts ihre Aussagen dadurch vertiefen und bereichern konnten, daß sie sich mit den medizinisch-psychologischen Forschungen ihrer Zeit beschäftigten, scheinen die Autoren an der Schwelle des einundzwanzigsten Jahrhunderts zu fürchten, ihre Menschenschilderungen durch daraus entlehnte Begriffe zu trivialisieren. Künstler, deren Kreativität sie in Opposition zu schon bestehenden Formen zwingt, opponieren in einer von der Wissenschaft bereits dominierten Epoche gegen deren feste Strukturen, während sie früher die geistigen Anstöße der Wissenschaft als modernisierende Kraft erlebt haben.
Vielleicht gehört dazu auch das Verschwinden der Hysterie aus den diagnostischen Manualen der Nervenärzte und ihre intensive Diskussion in den Literaturwissenschaften. Der wissenschaftlichen Autorität gehorchen, die Kunst lieben wir. Wir wollen nicht allzu genau wissen, was uns emotional bewegt – Mikroskope töten die Leidenschaft. In der Hysterie sind beide Bereiche, jener der Forschung und jener der Kunst, noch nicht säuberlich getrennt. Daher bietet sie uns Möglichkeiten zu einem Verständnis des ganzen Menschen, die wir verlieren, wenn wir dieses Störungs»Bild« in einzelne, besser

berechenbare Fragmente zerlegen. Wo wir Sicherheit gewinnen, verlieren wir Lebendigkeit und Vielfalt. Auch für die Hysterie gilt ein Grundgesetz der Natur: Kleine Mengen regen die Lebenstätigkeit an, große lähmen sie.

Fragen und Antworten[*]

Was macht es Frauen so schwer, die männliche Hysterie zu erkennen?

Wir vermuten, daß die klassischen Zuschreibungen der Hysterie (der losgerissene Uterus, die unberechenbaren Symptome) mit einer unbewußten Inszenierung zusammenhängen. In ihr geben Frauen Männern ein Rätsel auf und helfen ihnen dann bei der Lösung. Männer interessieren sich für dieses Rätsel oft mehr als für die Realität. Gibt es Rätsel, welche die Männer den Frauen aufgeben, Inszenierungen, die Frauen schaffen und in denen nun die männliche Hysterie auftritt?
Beispiel: In einer Supervisionsrunde berichtet eine Mitarbeiterin aus einem Frauenhaus, wie sehr sie sich immer wieder wundere, wenn sie einmal eines der Männer ansichtig werde, die von den mißhandelten Frauen geschildert worden seien. Diese hätten das Bild eines kraftstrotzenden Riesen gemalt, mit dem man

---

[*] Das folgende Kapitel verdankt seine Entstehung meinen Erfahrungen mit Autorenlesungen. Ich habe mich in die Fragestellungen hineinversetzt, die mich bei solchen Anlässen in Verlegenheit gebracht haben, und versucht, mit mehr Ruhe und Überlegung Antworten zu finden, als es bei solchen Gelegenheiten möglich ist.

kein kritisches Wort reden könne, ohne daß er einen gnadenlos zusammenhaue. Wenn die Männer dann doch einmal zu einem Gespräch kämen, sei sie jedesmal ganz verblüfft, wie harmlos, ängstlich und durchschnittlich die hyperaggressiv stilisierten Männer aufgetreten seien. Sie habe fast immer sogleich ihre Angst verloren, die sich nach den Schilderungen der männlichen Gewaltakte und Uneinsichtigkeiten durch die Klientinnen aufbaute.

Die Helferin, eine selbstbewußte, ursprünglich als Lehrerin qualifizierte Frau, die nach der Geburt ihres ersten Kindes ihre Berufstätigkeit aufgegeben hatte und das Hausfrauenleben aus eigener Erfahrung kannte, war in das Frauenhaus gekommen, weil sie zum Wiedereinstieg in eine Berufstätigkeit eine Aufgabe suchte. Es fesselte sie sehr, wie andere Frauen so ganz anders mit ihren Männern umgingen, und sie verstand die Situation allmählich so, daß diese Frauen das Bild eines starken, gewalttätigen, unbeherrschten und auch gar nicht beherrschbaren Mannes brauchten, um sich selbst aufzuwerten. Sie wußten insgeheim auch um die Schwäche und Beeinflußbarkeit ihrer Männer, aber sie konnten es nicht mit ihrem eigenen Selbstgefühl vereinbaren, einen schwachen Mann zu haben, der sich unter einen Pantoffel kriegen ließ.

Männer wie Frauen neigen dazu, durch ungeheure Anstrengungen die Einsicht in das Scheitern einer Beziehungsillusion zu verleugnen. Unterschiedlich sind die Instrumente: Frauen suchen das Gespräch und werben um Verständnis. Immer wieder werfen sie dem realen

Partner vor, daß er nicht dem Ideal entspricht, das sie entworfen haben und das zu sein er ihnen doch angekündigt hat. Männer hingegen ziehen sich eher zurück und suchen die Kränkung durch Selbstbestätigungen zu neutralisieren: Sie stürzen sich in Arbeit, finden ein neues Hobby, steigern ihren Alkoholkonsum oder ihr Trainingspensum im Sport.

In der Paartherapie gewinnt man meist den Eindruck, daß hysterische Störungen durch eine verdeckte Kooperation aufrechterhalten werden. Einblick in die Probleme des Systems gewinnt der Therapeut immer erst dann, wenn die Idealisierung der eigenen Partnerschaft brüchig geworden ist und kannibalische Formen des Narzißmus beginnen, die Grundlagen der Beziehung zu unterminieren.

Beispiel: Die Frau behauptet, sie hätte sich schon längst von ihrem pedantischen und beruflich zunehmend erfolglosen Mann getrennt, wenn sie nicht soviel Mitleid mit ihm hätte, denn ohne sie stünde er ganz allein und ohne Geld da. Der Mann läßt durchblicken, daß er seine Frau nicht ernst nimmt und verleugnet das berufliche Scheitern, das sie ihm unterstellt. Einen Rückschlag erlebe jeder mal. Er liebe seine Frau, und er führe eine offene Ehe mit ihr, alles andere sei verlogen, man müsse nur um sich schauen, um herauszufinden, wie viele Paare sich etwas vorlügen würden. Er habe auch nie etwas gegen ihre Verhältnisse mit anderen Männern, er habe auch manchmal Abenteuer mit anderen Frauen, aber das tangiere die Ehe nicht.

Die Frau hatte die Therapie aufgesucht, weil sie plante, mit ihrem gegenwärtigen Geliebten ein Kind zu haben, und es (ihre Version) nicht übers Herz brachte, den Ehemann zu verlassen. Der Mann kam mit, weil er, ohne selbst therapiebedürftig zu sein, doch seine Frau für therapiebedürftig hielt, und es gut und richtig fand, daß ein Mann seine Frau in einem solchen Unternehmen begleitet. In der Therapie müsse seine Frau (seine Version) von dem absurden Anspruch loskommen, er solle, wenn sie von dem Geliebten ein Kind erwarte, bei ihr bleiben, denn der Geliebte sei zwar ein toller Liebhaber, aber zu unzuverlässig, um ihn als Vater zu akzeptieren.

Ein solches Arrangement scheint die Hysterie der Frau in helles Licht zu rücken, während der Mann wenig phallisch-narzißtische Seiten zeigt. Aber der Schein trügt. Man könnte sagen, daß der Mann die Frau als seinen Phallus erlebt: Sie steht für seine Potenz, Vitalität. Daß er eine solche Frau gewinnen und halten kann, macht ihn zu einem überoptimalen Mann, sie beide zu einem überoptimalen Paar.

Können wir festhalten, daß Männer Frauen »hysterisch« definieren, um sie nicht ernst zu nehmen und weibliche Äußerungen ihres Realitätscharakters zu berauben, während umgekehrt Frauen Männer als »gefährlich« oder »gefährdet« definieren, um männlichen hysterischen Äußerungen einen Realitätscharakter zu verleihen, der ihnen gar nicht zukommt? Dann müßten Frauen sich in ebenso ausgeprägter Weise scheuen, männliche Hysterie dort zu sehen, wo sie ist, wie sich

Männer davon angezogen fühlen, weibliche Hysterie dort aufzufinden, wo sie nicht ist.

Beispiel: Eine Frau erkrankt an heftigen Angstzuständen, weil ihr Mann in der Diskussion eines Umzugs, der seiner Karriere dient und der ihrigen schadet, angesichts ihrer Gegenposition sagte: »Wenn du nicht mitkommst, dann kann ich mich ja gleich umbringen!« Ich habe diesen Mann später in einem Paargespräch kennengelernt. Es wurde schnell deutlich, daß er die Trennungsabsichten seiner Frau bisher nie ernstgenommen hatte. Als ich ihm wiederholte, was sie ihm schon die ganze Zeit gesagt hatte, schaute er mich überrascht an, als habe ich mir eben eine sensationelle Geschichte ausgedacht. Er schien jetzt zum ersten Mal zu erleben, daß seine Ehe wirklich gefährdet war. Natürlich habe er die Geschichte mit dem Selbstmord keine Minute ernstgemeint, man rede ja viel.

Beispiel: Eine Frau ruft die Polizei, weil ihr Freund in einem Gespräch über ihre Trennungswünsche eine Pistole aus der Schublade holt und scheinbar außer sich sagt, sie solle aufhören, sonst gebe es ein Unglück. Die Streife kommt, der Mann wirkt verwandelt, hat Humor, zeigt eine harmlose Schreckschußwaffe, bietet einen Schnaps an, kleiner Ehekrach.

Beispiel: Ein Mann behauptet seit Jahren, wenn seine Frau jetzt nicht nachgebe, werde er Drachenfliegen gehen. Er hat einen solchen Drachen einmal gekauft, ihn im Keller eingelagert, aber noch nicht ausprobiert. Sie gibt dann immer nach.

Weibliche Ängste und Schuldgefühle sind charakteristische Reaktionen auf die männliche Hysterie. Der Mann ist gar nicht so mutig, wie er tut. Aber er setzt alles daran, um seine Frau zu überzeugen, daß er keine Ängste kennt; schließlich kann er dann seine Nachgiebigkeit gegenüber ihren Ängsten als Rücksichtnahme ausgeben. Es ist erstaunlich, was Frauen solchen Männern alles zutrauen – sie würden nicht mehr vom Gang zum Briefkasten zurückkehren, weil sie sich als Holzfäller in den kanadischen Wäldern verdingt haben oder sich in Marseille von der Fremdenlegion anwerben ließen. Sie würden in zwei Jahren mit einem Segelboot zur Südsee aufbrechen oder den Job hinwerfen und in einem selbstgebauten Wohnmobil ein Zigeunerleben führen.

In der männlichen Phantasie zur weiblichen Hysterie ist die Frau schwach, verwirrt, widersprüchlich und hilfsbedürftig; sie braucht die strenge, zumindest die ordnende Hand des Mannes, um Schutz und Halt angesichts der Realität zu finden. In den Phantasien, die Frauen hindern, die männliche Hysterie wahrzunehmen, sind die Männer gewalttätig, kränkbar, sie schaden sich selbst am meisten, und sie können nicht anders. Man kann sie im günstigen Fall durch Bitten erweichen, wahrscheinlicher aber nur ihren Heldentod beweinen. Während die weibliche Hysterie also männliche Phantasien von Stärke, Vernunft und Macht stimuliert, weckt die männliche Hysterie weibliche Phantasien von Schwäche, Ausgeliefertsein und Schuld.

Gibt es Tips für den Umgang mit einem hysterischen Mann?

Wir können uns von der Hysterie – der eigenen wie der fremden – distanzieren oder uns in sie verwickeln. Mein Text plädiert indirekt (in dem, was darin steht, nicht in dem, was darin beteuert wird) für die Distanz. Das macht auch den zentralen Rat aus, den eine Klientin neulich so zusammengefaßt hat: »Das mit dem kleinen Hund hat mir sehr geholfen. Ich denke jetzt immer, wenn er mir wieder dreinredet, laß ihn, du mußt nicht reagieren, er muß sich wieder etwas beweisen.«

Der Abstand von einem hysterischen Mann wird durch den inneren Abstand von der eigenen Hysterie ermöglicht. Die hektische Suche nach Ratschlägen, die Erfolg garantieren, kann sich nicht vom Überoptimalen und Phallischen distanzieren. Weiß die Leserin, die sich solche Tips wünscht, auch genau, daß sie nicht einen Zauberstab möchte, mit dem sie Frösche in Prinzen und Wölfe in Lämmer verwandeln kann?

Der Wunsch nach guten Lösungen und eindeutigen Verbesserungen ist – um so mehr, je drängender er vorgebracht wird – eher ein Motiv, sich zu verstricken, als sich zu distanzieren. Es gibt keinen Zauberstab, Männer haben keinen (obwohl sie das oft von sich glauben) und Frauen auch nicht (obwohl sie manchmal denken, die Männer könnten ihnen ein Stück von dem ihrigen abgeben).

Wenn im Zirkus die Dompteuse den Löwen mit einem Peitschenknall auf sein Podest bringt, glaubt nur ein

Kind, daß es mit dieser Peitsche dasselbe vollbringt. Wenn wir es ihr gleichtun wollen, müssen wir von Grund auf lernen, wie man einen Löwen zähmt. Wir werden dann erfahren, daß der Löwe einerseits gefährlich, andererseits aber auch ängstlich und vor allem faul ist, daß er sich, wenn man ihn weder unter- noch überfordert, schließlich dazu bequemt, das zu tun, was in seiner Macht liegt, eine beide Seiten befriedigende Beziehung zu seiner Dompteuse aufzubauen. Ihre Aufgabe ist es, möglichst realistisch einzuschätzen, wie lernfähig der Löwe ist, seine Krallen und Zähne weder als harmlos noch als Signale unüberwindbarer Angst zu sehen. Wenn sie dann anwendet, was sie gelernt hat, und sensibel auf alles reagiert, was der Löwe ihr durch seine Reaktionen vermittelt, wird sie Erfolg haben.

Ich habe dieses Bild gewählt, weil mir der Wunsch nach Tips für den Umgang mit hysterischen Männern einen Wunsch nach Vereinfachung auszudrücken scheint, der in der Realität ähnlich gefährlich werden kann, wie es der Versuch wäre, dem Dompteur die Peitsche zu stehlen und damit in den Käfig zu treten. Gerade angesichts hysterischer Drohungen mit Selbstmord, mit Verlassen, mit Selbstbeschädigung schadet die Suche nach Sicherheit mehr, als sie nützt. Im Volksmund beißen bellende Hunde nicht, aber kein vernünftiger Mensch würde sich auf solche Voraussagen verlassen. Sie sind als Wortspiel hübsch, als Handlungsanleitung aber nur sehr begrenzt brauchbar. Hunde bellen oft, um nicht beißen zu müssen, weil sie hoffen, den Eindringling durch ihr Bellen zu vertreiben. Aber wo es keine Rückzugsmöglichkeit gibt, wird der bellende Hund auch beißen, sobald wir ihm zu nahe treten. Ähnlich ist es mit Drohungen: Wenn sie ihren Zweck erfüllen, bleibt alles harmlos, aber wenn sie das nicht tun, sind sie ein Alarmsignal. Klärbar ist angesichts von Drohungen vielfach gerade nicht die Ernsthaftigkeit, wohl aber die Zuständigkeit. Da in zivilisierten Ländern staatliche Organe das Gewaltmonopol haben, sind nicht einfühlende Frauen für männliche Gewalt zuständig, sondern die Polizei. Wer sich selbst beschädigen will, kann das tun, solange er Herr seiner Handlungen ist; ist er das nicht, ist wiederum nicht die Partnerin zuständig, sondern Justiz und Psychiatrie.

Was Frauen gegenwärtig den Umgang mit hysterischen Männern am meisten erschwert, ist die symbiotische Verführung in unserem Liebesleben: die Sehnsucht, alles füreinander zu sein, den anderen zur letzten Instanz zu machen. Sobald der Frau, die ihrem prügelnden Mann immer wieder verziehen hat, endgültig klar ist, daß nicht sie, sondern ein Amtsrichter dazu da ist, mit Körperverletzungen umzugehen, hat sie sich von ihrer symbiotischen Haltung distanziert. Sie hat etwas gewonnen und etwas verloren. Sie ist erwachsener und autonomer, aber auch um eine Illusion ärmer. Sie kann nicht mehr von sich glauben, daß sie die Instanz ist, die in der Liebesbeziehung alles handhaben kann. Und wahrscheinlich war es dann das letzte Mal, daß sie geschlagen wurde - aber auch das erste Mal, daß sie Abstand von ihrem eigenen Traum der überoptimalen Liebe gewann.

Haben heute nicht die narzißtischen Störungen die Hysterie an den Rand gedrängt?

Die Geschichte der »nervösen« Erkrankungen zeigt, daß diese Störungsbilder wie Stile oder Moden zu beurteilen sind. Wo Krankheiten eine naturwissenschaftlich definierte Ursache haben, Pocken etwa oder Tuberkulose, läßt sich relativ genau feststellen, daß beispielsweise Beulenpest und Cholera aus modernen Staaten weitgehend verschwunden sind, während Aids eine ernsthafte Bedrohung darstellt. Angesichts psychischer Störungen wird unter einem historischen Blickwinkel schnell klar, daß es ein gesichertes Wissen über das Entstehen und Verschwinden von Krankheiten nicht gibt; was wir dokumentieren können, sind Aussagen über die Häufigkeiten von Diagnosen, die aber – da ohne Substrat, denn es gibt keinen Hysterokokkus, der unter einem Mikroskop sichtbar werden kann – die Vorlieben der Ärzte formulieren. Wir haben schon erwähnt, daß fast gleichzeitig in einem diagnostischen System die Hysterie die häufigste seelische Störung ist, während sie aus einem anderen verschwindet, indem sie sich in Untereinheiten auflöst.
Angesichts dieser Widersprüche scheint es problematisch, einfach immer weiter neue Kategorien zu entwickeln, die sich selbst nicht als Moden des Denkens er-

kennen, sondern als objektive Wahrheit ausgeben. Ich habe schon begründet, daß mir eine andere Lösung näherliegt: die Diagnose als Interaktion zu erkennen und zu beschreiben. Dann wäre die heute von manchen Autoren betonte Dominanz der narzißtischen Persönlichkeitsstörung nicht eine »neue Krankheit«, welche die »alte Krankheit« abgelöst hat, sondern eine Neuformulierung früherer Interaktionen.

Unter diesem Gesichtspunkt ist die Beschreibung Richard Sennetts, einer der soziologischen Wortführer einer »narzißtischen Gesellschaft« interessant. Sennett ist kein Kliniker, aber ein vielseitig - auch klinisch - interessierter, in historischen Kontexten denkender Soziologe.*

Er verbindet die klassische Hysterie des neunzehnten Jahrhunderts damit, daß während der viktorianischen Epoche die Familie zum wesentlichen Ordnungsprinzip einer Gesellschaft gemacht wurde, die sich mit chaotischer Dynamik entwickelte. Die Unterdrückung der Sexualität war nur eine Nuance dieser bedrückenden Überschätzung familiärer Ordnung.

Sennetts Hauptinteresse gilt der Unterscheidung zwischen öffentlicher Sphäre und Intimsphäre. Diese Unterscheidung geriet mit dem Untergang des ancien regime und der bürgerlichen Revolution unter massivem Druck. Sennett sieht in der sozialen Entwicklung des letzten Jahrhunderts einen Zerfall der öffentlichen Le-

---

* R. Sennett, Verfall und Ende des öffentlichen Lebens. Die Tyrannei der Intimität. Frankfurt 1986.

bensräume und eine tyrannische Überentwicklung der Intimität. Die Menschen wissen nicht mehr, »was sich gehört«, alles ist überall möglich, verbindliche Grenzen werden nicht respektiert, die Individuen überbieten sich in Grenzüberschreitungen, Selbstentblößungen und Distanzlosigkeit.

Nun wird jeder aufmerksame Leser der Schilderungen hysterischer Persönlichkeiten bei Freud, Flaubert oder Thomas Mann schnell herausfinden, daß gerade dieser Widerspruch von öffentlicher Geltung und intimer, emotionaler Realität den Großteil ihrer Dynamik prägt. Gerade die von Sennett dem Narzißten zugeschriebene Frage: »Was fühle ich wirklich?«* ist schon lange vorher die zentrale Frage des Hysterikers. Was Sennett als praktische Beispiele für den Verfall des öffentlichen Lebens beschreibt, sind hysterische Inszenierungen – etwa die berüchtigte »Checkers«-Rede von Richard Nixon. Dieser, stets ein selbsternannter Kämpfer gegen alle Korruption, war selbst der Korruption überführt worden – und hielt eine Rede, in der er kurz weinte (nicht zu lange, denn das hätte seine Charakterfestigkeit in Frage gestellt) und vor allem über seine edlen Motive und seine Liebe zu seiner Frau sowie zu seinem Hund Checkers sprach. Danach war er rehabilitiert.

Obwohl Sennett sich gegen eine Interpretation nostalgischer Aspekte in seine Thesen wendet, wird doch deutlich, wie sehr er sich nach einer Zeit zu-

---
* R. Sennett 1986, a.a.O., S. 409.

rücksehnt, in der Politiker ihr Handeln und nicht ihre Motive erläuterten. Er wünscht sich, daß wir wenigstens den Verlust einer Epoche betrauern, in der Menschen noch Distanz zu ihrem Verhalten hatten, in der sie sich erlaubten, eine Maske zu tragen und sich um ein Verhalten bemühten, das Sennett »zivilisiert« nennt und dessen wesentliche Eigenschaft darin liegt, mit den eigenen Gefühlen niemand anderen zu belästigen.

Herr Schmidbauer, sind Sie ein hysterischer Mann?

Die Frage liegt nahe. Und wie es sich für einen Analytiker gehört, sage ich nicht gleich nein oder ja. Ich kenne viel von dem, was ich beschrieben habe, aus eigenem Erleben. Anderes an dem Verhalten meiner Patienten ist mir fremd. Beides, das Vertraute und das Fremde, hängt nur lose mit der Geschlechtsrolle zusammen. Manches an Männern ist mir fremder als vieles von dem, was mir Frauen erzählen; ich bin unter Frauen aufgewachsen und habe sicher mehr Zeit mit ihnen verbracht als in männlicher Gesellschaft. Aber ich hatte auch immer Männerfreunde. Ich bin während eines Fronturlaubs gezeugt worden, und mein Vater fiel, als ich zwei Jahre alt war; das Männliche hatte in meiner Kindheit die Gestalten eines älteren Bruders und zweier Großväter. Das läßt vermuten, daß ich keine solide Identifizierung mit einem Vater mitbekam, und das ist sicher eine Voraussetzung, um sich nach den trügerischen Bestätigungen und Absicherungen durch das Überoptimale, das Phallische zu sehnen. Aber ich bin vermutlich auch ein guter Beleg für die Tatsache, wie solche Mängel kompensiert werden können. Wenn ich jetzt an der Schwelle des Alters meiner Großväter an sie zurückdenke, dann fällt mir oft der Vater meines Vaters ein. Er war, als ich ihn kennenlernte, selbst schon Rentner und Kleinbauer, er versorgte einen kleinen Hof mit vier Kühen und fuhr im Sommer mit einem Kuhgespann die Getreide- und Heuernte ein. Damit konnte ich viel mehr anfangen als mit meinem Muttervater, dem Büchernarren und Landgerichtsdirektor im Ruhestand, obwohl ich sicher durch seine Begeisterung für die Literatur, die er auch meiner Mutter vermittelt hatte, geprägt worden bin.* Natürlich kenne ich auch die Faszination der Helferrolle, um eigene Unsicherheiten durch eine überoptimale Struktur zu bekämpfen. Aber dies alles rechtfertigt noch keine Zuschreibung in einem diagnostischen Sinn. Mit solchen Zuschreibungen sollten wir um so vorsichtiger sein, je weniger es uns gelingt, sie durch Ironie zu brechen. Eine Hysterie-Diagnose, ob sie nun einen Mann trifft oder eine Frau, kann gegenwärtig nur eine ironische sein. Das ist ihre Schwäche, aber auch ihre Stärke, denn viele psychiatrische Diagnosen verdienen es nicht, so feierlich ernstgenommen zu werden, wie es die Ner-

---

* Ich habe beide Großväter in dem Bericht »Eine Kindheit in Niederbayern«, Reinbek 1988, beschrieben.

venärzte und ihre Patienten manchmal tun. Wie die Selbstdiagnosen einer Hysterie bei so erhabenen Beispielen wie Baudelaire, Flaubert und Freud belegen, hatten es Männer schon immer leichter, sich dieses Etikett mit gebührender Distanz anzuheften. Jedenfalls bin ich damit vertraut, mit meinen Themen verwechselt und für sie dingfest gemacht zu werden – nach dem hilflosen Helfer Schmidbauer ist der hysterische Mann kein Drama und kein Trauma. Natürlich könnte ein raffinierter Fragesteller vermuten, daß solches Zugestehen eigener Betroffenheit ein Trick ist, um dem Kritiker den Wind aus den Segeln zu zaubern, und er hat damit auch nicht unrecht. Aber manche Tricks sind weder schädlich noch bösartig, und diesen rechne ich dazu. Wer etwas darstellt, verrät sein Bedürfnis nach Beachtung, aber er zeigt auch, daß er bereit ist, dafür zu arbeiten und sich selbst in Frage zu stellen. Wenn ich also ein hysterischer Mann bin, dann gehöre ich zu einer der Gewalt abgeneigten und dem Humor zugeneigten Sorte. Vielleicht hilft mir das oft auch in der Therapie von meinesgleichen. Warum sollte ich moralisch oder vorwurfsvoll argumentieren, wenn ich die Bedürfnisse und Wünsche kenne? Eher spreche ich für die Ökonomie und die Realität. Wenn also »Johannes« tausend Kilometer Autobahnstocherei einsetzt, um seiner launischen Geliebten die ebenso ersehnte wie unerreichbare Bestätigung abzuringen, dann sage ich eher »schade um die Zeit und um das Benzin« (als Symbol für die vergeudete Energie), und spreche nicht von Aufdringlichkeit, Abhängigkeit und Unreife.

Was kann ich tun, um zu verhindern, daß meine Kinder hysterisch werden?

Wenn sich hier ein Wunsch nach Sicherheit ausdrückt, eine Sehnsucht nach dem Überoptimalen, aus dem risikobehafteten Unternehmen der Elternschaft mit seinen vielfältigen und höchst ungewissen Ausgängen mit einem garantierten Erfolgserlebnis hervorzugehen, dann bin ich ratlos. Eigene Kinder sind ein hervorragendes Mittel, sich von unerledigten Resten hysterischer Sehnsüchte nach sicherer Geltung und überoptimaler Rollenerfüllung als Mann oder Frau zu verabschieden; wem sie dazu nicht verhelfen, der sollte sich nicht wundern, wenn er sich überlastet fühlt. Allerdings müssen wir, um diesen Entwicklungsschritt zusammen mit unseren Kindern zu vollziehen, den Dünkel, das Überoptimale und das Phallische aller Ratgeber durchschauen, die uns immer wieder weismachen wollen, sie wüßten sichere Rezepte.

Wozu der ganze analytische Aufwand? Sind Hysteriker, Männer wie Frauen, nicht einfach Lügner?

Diese Frage krankt an einem falschen »einfach«. Der christliche Bischof, der den Pöbel die kostbare Bibliothek in Alexandria anstecken ließ, hatte auch eine einfache Rechtfertigung: Was in den verbrannten Büchern wertvoll und wahr sei, das stünde ohnehin in der Bibel; was

aber nicht in der Bibel stünde, sei eine Irrlehre und deshalb mit Recht zu verbrennen. Die Lüge ist eben nichts Einfaches. Es gibt ganz unterschiedliche Lügen, und es gibt eine sehr unscharfe Grenze zwischen hohen Leistungen der menschlichen Kultur und »Lüge«. Mythen, Märchen, Legenden, Evangelien – Lügen? Es ist behauptet worden. Aber sehen wir genauer hin.
Wenn die Ehefrau ihrem eifersüchtigen Mann erzählt, daß sie ihre beste Freundin in einem grauenhaften Liebeskummer trösten muß, während sie in Wahrheit zu ihrem Geliebten geht, dann werden wir das je nach unseren eigenen Erfahrungen für verwerflich oder für klug halten, aber kaum so empört reagieren wie auf den angeblichen Börsenmakler, der Frauen ihr Erspartes für faule Aktien abschwatzt.
Aber die hysterischen Symptome haben noch eine andere Qualität. Das Überoptimale und das Phallische sind Lügen in dem Sinn, daß sie sich von der Realität entfernen. Aber es gibt keine einfach zu fassende Not, und es gibt auch oft keinen einfach zu klärenden betrügerischen Zweck. Es ist ähnlich wie mit religiösen Inhalten, etwa der jungfräulichen Geburt, oder der leiblichen Aufnahme in das Paradies.
Die Hysterie bezieht sich auf Phantasien, die eine bessere Realität erstreben. Die Rollenmerkmale dienen nicht dem Egoismus, sondern dem Narzißmus. Die Wertung »Lüge« gleicht der Gleichsetzung von Narzißmus und Egoismus! Wenn Narzißmus Egoismus ist, können wir den Begriff wieder aufgeben, denn willkürliche Begriffsvermehrung ist ein Denkfehler. Aber wäh-

rend beim ungestörten Ablauf unseres Erlebens Narzißmus und Egoismus in eines fallen, trennen sich beide z. B. dann, wenn wir eine Kränkung auch gegen eigene Interessen rächen wollen. Vor Gericht etwa dient ein Kompromiß meist den ökonomischen Interessen der Beteiligten am besten; aber wie viele Leute führen nicht Prozesse bis in die letzte Instanz mit einem völlig unökonomischen Aufwand, weil ein Nachgeben ihr Selbstgefühl bedrohen würde! Dabei ist »Narzißmus« ein letztlich fast ebenso vager Begriff wie »Egoismus«. Wo es aber darum geht, menschliches Verhalten zu erforschen, ist es immer auch wichtig, schöpferische Spannungen in Begriffsfeldern aufzubauen, die der Alltagssprache nahe sind.

Der Egoismus würde den erschöpften Bergsteiger dazu bewegen, im Schneesturm lieber umzukehren als den Gipfelanstieg zu wagen. Sein Narzißmus hingegen gebietet ihm, das (fast) Unmögliche zu riskieren. Wenn wir uns für einen solchen Diskurs entscheiden, beziehen wir auch eine soziale und politische Position: Wir distanzieren uns beispielsweise von einer gerade in Deutschland noch keineswegs überwundenen Auffassung, wonach es sich nicht um Narzißmus, sondern um Heldenmut und letzten Einsatz handelt. Und wenn andererseits berufsmäßige Bergsteiger flott über ihre narzißtische Bedürftigkeit schreiben, dann wird deutlich, wie schließlich auch hier Narzißmus und Egoismus wieder in eins fallen können. Wir sind uns wieder etwas unsicherer geworden, ob es das gibt, was wir jenen am wenigsten zutrauen, die es uns am innigsten predigen: das uneigennützig Gute. Dabei können wir diesem Guten jeden Tag ebenso begegnen wie dem Bösen; begrenzt ist nur unsere Macht, es herbeizudenken oder herbeizureden.

Ich habe einmal einen Fall mitverfolgt, der eine besonders ergreifende Variante des sogenannten Münchhausen-Syndroms darstellte. Bei Münchhausen geht es um Lügengeschichten, und das Münchhausen-Syndrom betrifft Menschen, die das Medizinsystem zur Bühne einer oft grausamen Selbstdarstellung bzw. Realitätsflucht verwenden. Sie täuschen Krankheiten vor, an die sie »wirklich zu glauben scheinen«, man kann das als Persönlichkeitsspaltung oder als Dämmerzustand verstehen, oder aber vermuten, daß die Kranken wohl wissen, was sie tun, es jedoch nicht wissen wollen. Oft werden sie mehrfach operiert und sind schließlich wirklich schwerkrank. Mein Fall betraf ein sozusagen erweitertes Münchhausen-Syndrom: Eine Mutter gab ihrem Sohn heimlich Mittel, welche dessen Herzfunktionen lebensbedrohlich veränderten, so daß er mehrfach für lange Zeit in einer Spezialklinik untersucht und behandelt werden mußte, was der Mutter Gelegenheit gab, ihn in die Großstadt zu begleiten und ihrem Alltag in einem kleinen Dorf zu entfliehen. Sie hatte sich beträchtliches medizinisches Wissen angeeignet, war bei den Ärzten gefürchtet und wurde schließlich, als der Betrug nach vielen Jahren durch eine psychologisch geschulte Stationsärztin aufgedeckt wurde, von diesen entsprechend hart behandelt: Antrag auf Sorgerechtsentzug, Einweisung in die Psychiatrie.

Der hysterische Mann

Ich skizziere diesen Fall, weil er zeigen kann, wie lange die Grenze zwischen Wahrheit und Lüge unsichtbar bleiben kann. Jahrelang waren alle überzeugt, in einer Wahrheit zu leben: Das Kind war krank, die Mutter besorgt, die Ärzte taten ihr Bestes. Wenn das Kind oder die Mutter vor der Aufdeckung des Betrugs gestorben wäre, hätte niemand je den Gedanken gefaßt, es sei etwa anderes im Spiel als aufrichtiges Bemühen. Nach der Einsicht in die Lüge wurde plötzlich allen klar, wie lange sie sich hatten täuschen lassen; es fiel ihnen wie Schuppen von den Augen.* In der Hysterie geht es nicht so sehr um Wahrheit oder Lüge, sondern um die Kräfte, welche die Szene bestimmen, in der die Wahrheit oder die Lüge auftreten. Die Wahrheit kann ebenso zu einem hysterischen Auftritt gestaltet werden, wie die Lüge eine angemessene und realistische Lösung in einem sozialen Konflikt darstellt. Was ein Mensch an Realität ertragen kann, hängt nicht von dieser Realität, sondern von seiner Kraft ab, sie sich anzueignen. Mit dieser Kraft verhält es sich nicht anders als mit anderen Lebensfunktionen: Kleine Reize regen sie an, große überfordern sie, größte zerstören sie. Daher wundern sich z. B. Ärzte, die in einem naiven Moralismus überzeugt sind, daß jeder Kranke alles über seine Krankheit wissen sollte, oft darüber, daß

---

* Diese schöne Formulierung verbinde ich mit unserem Wissen über die kluge Schlange: Irgendwann beginnt ihre Sicht trüb zu werden, dann weiß sie, es ist Zeit, ihr Schuppenkleid zu erneuern, sie streift es ab und sieht nun wieder scharf.

der von ihnen lückenlos aufgeklärte Patient nach zwei Tagen wieder an denselben tröstlichen Bagatellisierungen seines Zustandes festhält, die sie ihm gerade auszureden suchten. Sie haben ihn durch ihre Wahrheit gestört und gequält, aber nicht aufgeklärt oder seine Fähigkeit gestärkt, die Realität zu erkennen und ihr zu begegnen.

424 Seiten, ISBN 3-485-00786-2

Wolfgang Schmidbauer

Vom Umgang mit der Seele

Die faszinierende Entstehung der Psychotherapie.

Wie gehen andere Kulturen, gingen frühere Gesellschaften mit seelischen Krankheiten um? Wie hat sich aus diesen magischen Wurzeln die gegenwärtige Vielfalt therapeutischer Ansätze entwickelt?

Wolfgang Schmidbauer zeigt, welches Potential in den inneren Widersprüchen der einzelnen Richtungen und Schulen der Psychotherapie steckt.

nymphenburger